REPROCHES,

des ans 89, VIII, 1814 et 1830,

Qui ont régénéré le Monde,

AUX

INVISIBLES CORPS, QUI, POUR EUX ET DEVANT EUX,

l'ont réduit à rien.

Et pour l'exemple de tous,

REYS, A Mr. Conte, directeur-général de l'administration des Postes aux lettres, à l'Hôtel,   PARIS.

Monsieur,

Dans le premier comme au second présent échantillon de ses œuvres de 60 ans, un aveugle qui en a 83 d'âge, vous parle à tous, moins en sa faveur qu'en celle du monde et de la France ; aura-t-il l'honneur ou le bonheur d'une audience de vous ? ou devrait-il croire enfin à votre malveillance pour le monde entier, la France et le Roi dés francais qui, lui, monarque, devant eux ne se met point dans la balance comme vous tous : car, ô Louis XVI, ô Napoléon, ô Louis XVIII, ô Charles X ; il fallait marcher droit, au bien public et à la vérité qui ne trahit personne et aide tout le monde, dans le bien, pour être et rester long-temps, dans les mondes passés, présents et futurs : à quelles fins, guerre aux sophismes prétentieux, ou se sacrant comme aux absolutistes, ignorants et présomptueux, bons pour les gâtés Soliman.

REYS.

LA
PLUS GRANDE AFFAIRE DU MONDE,

OU

Sa Moralité, son Honneur, sa Félicité, sa Joie pure, et son encore plus pure Liberté et Prospérité; Ainsi, le Bien public et le vrai, son Ange Gardien,

CONTRE

... qu'amènent l'erreur et le sophisme, ou la Fausseté qui, grâce à Dieu, n'a qu'un temps.

RÉFLEXION.

La France n'est qu'un point dans ce vaste univers, et c'est le monde entier qui l'observe et la juge : Où trouver, mieux qu'en elle, un modèle du monde? Mais encore doit-elle, avant tout, l'égaler en ses patience et modestie, et l'effacer en sa gaîté, par l'auteur triste et fort en sa juste réclamation;

CAR,

A tout âge, l'on doit des soins à son honneur, et quand on fut, toute sa vie, l'esclave du bien public et de la vérité, comment ne les pas aimer encore au doux moment de la quitter?

REYS, RENTIER, AGÉ DE 83 ANS.

CHANGEMENT.

M. REYS qui, du 10 Septembre soir au 19 dito matin, logeait rue Montorgueil, hôte Saint-Cristophe 49, par des raisons d'économie et de sa santé, elle, comme délabrée depuis et pendant huit jours consécutifs, et exigeant des soins médiats qu'une bonne auberge ne pourrait fournir on procurer qu'à très grands frais, n'allant pas à un rentier de 600 fr. par année; loge, de ce jour, 19, jeudi, chez M. ROBIN, serrurier en bâtiments, et poseur de sonnettes, rue Guérin-Boisseau, 8, près la rue Saint-Martin, au premier, à Paris.

On y trouverait, au besoin, LE ou LES deux premiers petits cahiers d'échantillon de son savoir et vouloir-faire pour le bien-public et la vérité, comme honteuse, en France, de sa nudité, et courant s'y cacher derrière un saule, étant surprise à s'y baigner, mais assez coquette encore pour désirer d'être aperçue, en se sauvant, comme les Nayades de Virgile :

« Et fugit ad salices; se cupit ante videri. »

A 30 centimes, le plus petit, et à 1 fr. le plus grand: Ah! Messieurs et Mesdames, hélas!
« Faites donc du bien, faites donc du bien à ce pauvre aveugle, car il ne voit rien; pour
« cela, il ne faut acheter que de lui de l'esprit et de la science en tout pays, que de Reys
« qui, seul au monde, y vit en âme et esprit, sans corps, quoiqu'il y soit un peu bête,
« comme tout le monde ».

1844

A l'aimable SATAN , comme *à tous*, S. L. P.

> « Alexandre trouvait le monde trop petit,
> « Moi, je l'avale d'une bouchée, à 83 ans. »
>
> REYS, l'ogre de Gagny.

Ainsi,

Entre un bon nombre de fautes graves d'impression, comme (fripier au lieu de *tripier*), avocat, pair de France et *autres*, rompant ou tronquant le sens, *toutes* que, par manque de bons yeux, n'a pu corriger l'auteur, qui s'en est expliqué dans son *bon à tirer*, où il en excuse aussi l'imprimeur qui, une autre fois, eût presque toujours passé outre sans les voir, il en est une *insupportable*, à la 10e ligne de la page 14.

Ainsi,

Il y avait au manuscrit, entre mes mains revenu avec raison, ces mots :

> « Qui *peuvent être*, en tout *état social*, le roi, par *l'abandon*
> « de sa justice et de sa raison, etc. ; » sur quoi,

REFLEXION.

Il est *moins permis* aux rois qu'à *tous autres d'être* ou *laisser être* injustes, et de *délirer* par fausse politique ou sciemment ; car, à leur exemple, *leur nation abandonnerait* aussi sa moralité, sa justice et sa raison, ce qui *y* ouvrirait la guerre au dedans et au dehors, fût-ce même pour cette pauvre foi. dite *religion*, ou pour *politique erronée*, comme l'est presque toujours *la foi* en *tout mystère* se disant *religieux* ou gouvernemental. Eh ! pourquoi l'homme *imposerait-il* la foi à l'homme ?

> REYS, *atticiste parfait*, qui donc a dit, page 16 :
> *se purgeant*, lui, sous-préfet, de nos actes, Dieu,
> merci, pour adieu merci ; en quoi *il est cause*, l'enfant, de ma *double réclamation*, celle *privée*,
> contre lui, et celle *politique* générale, celle-ci
> *s'ouvrant*, après le feuillet suivant, au premier
> cahier, par ces mots :

> « Nouvelle ou autre corde à mon arc. »

(A M. Pawlowski, journaliste, (Ponceau, 38),

Soi-disant l'un des rédacteurs du journal *le Satan*..

Cette page, si elle était transcrite, avec une *simple annonce*, dans *le Satan*, aussi *le Philosophe à Paris*, de *ma* et *mes*, justes et *marquantes*, réclamations, *assurerait*, à l'une et l'autre, un *plein succès*, et *m'éviterait* de l'écrire six cent fois. Aidons-nous, Monsieur, et *justifions* nos titres, *approuvés* par Minerve, Mentor et Fénélon, *soutenus* par Frédéric, *le Grand* dans le monde.

Paris, 28 septembre 1844.

REYS,

A votre disposition, chez lui, Guérin-Boisseau, 8,
près la rue Saint-Martin.

AINSI,

Le vrai Diable, ou le Philosophe à Paris,

PAR UN VIEILLARD DE 83 ANS,

Qui, né presque homme d'état, philosophe, après l'avoir été de commerce et d'écritures, commerciales et financières, toujours sous les plus grands maîtres de l'Europe, et dans les plus notables circonstances politiques, forcées de subir ses franchise et pureté, en preuve de quoi ses correspondances et dix volumes imprimés sur matières d'État, agréés par Louis XVIII et la Chambre des Députés, est auteur de :

La plus grande Affaire du Monde.

« Ris et chante avec moi, lecteur ; car dirai-je... »
je commence... non, mieux vaut, comme Beaumarchais :
« Tout finit par des chansons. »

Mais nous, pour clore juillet 1830, au lieu de nous
entre-tuer, quand nos ennemis nous raillant, font plus
notre bien que nos mielleux et sots amis, souvent re-
nards, chantons, à l'unisson, en offrant à cette mère-
là :

« Rire pour sa patrie, rire pour sa patrie,
« C'est le sort le plus doux, le plus digne d'envie. »
« Ah ! si les rois, par leurs exemples, professaient
« cela ? Mais non ; plutôt mourir que de voir rire de soi
« et d'en rire soi-même, pour s'instruire réciproque-
« ment, et devenir bon à tout, ayant le cœur *bon* et
« l'esprit *droit*. »

Dédié à la Susceptibilité française,

PAR REYS, RENTIER,

A L'APPUI DE SA LOI CONTRE LES DUELS :

« Tu te battras ? Nous t'écraserons de nos rires,
« nous, auteurs et journalistes, sans peur, mais de
« bonnes intentions, en notre savoir-faire légal.)
(Esprit de cet ouvrage utile et agréable.)

—

1844.

La plus grande affaire du Monde,

NÉE DES PLUS PETITES CAUSES

MAIS

Solus, Solis,

UN SEUL AUX SEULS.

Voulant dire : « Point de factions pour le bien et la vérité ; c'est au mal et
au sophisme qu'il appartient de grossir les leurs, parcequ'ils ont un
autre intérêt que la sagesse humaine.

AUSSI

LE DIABLE LÉGITIME

DIT

Le vrai Diable ou *le Philosophe* à Paris.

Et, pour commencer,

« S'il n'eut point d'âme et point d'esprit en son vivant, eh aura-t-il
« après sa mort?» Reys demandant pardon à tout le monde que
cela regarde ou effleure.

« Au reste , « qui ne veut pas qu'on le dise ou publie, ne le fait pas
« ou ne fait pas de mal à autrui. »

En quoi ,

(Presse, succursale de la confession qui n'absout que le mal fait à
Dieu et à ses prêtres, mais non à d'autres; au lieu qu'après la
presse , plus de vindicte du mal reçu : aussi doit-elle être pure
comme la vérité qu'elle rend.

Enfin notre réclamation est, elle , pour en tirer, nous l'espérons, des
fruits.)

Le *vrai* et sûr tableau des mœurs en France aujourd'hui : nous le faisons,
ce jour, pour nous mettre à la mode des savants qui *ne savent plus* faire
pour la France que des **Tableaux de mœurs sans fruit**, et
aussi, pour en pourchasser d'autant la vraie et bonne philosophie que la
philosophie-monstre de 1793 a tuée, comme ont tué le crédit, au cabaret,
les mauvais payeurs équivalents aux mauvais et faux philosophes
de tous les temps , entre qui les prêtres sont les plus anciens , vu que leur
esprit de corps et de séduction , est , fut et sera *éternel* comme le monde de
cet Univers.

LE VRAI DIABLE,

ou

LE PHILOSOPHE A PARIS.

AUX JALOUX MALENCONTREUX.

Qui veut augmenter encore mes dénoncés à l'opinion publique, reine du monde ? Il me faut mes 500 cahiers faits et tirés à Paris, ou un million, d'exemplaires, tirés à Pondichéry, pour le monde entier où j'arriverai et entrerai, partout, en ami ou en ennemi, pour y châtier et éclairer les brouillons et ignorants qui s'y mêlent à tout.

REYS, l'auteur, à son imprimeur à vie.

Et puis,

REYS à M. Danicourt-Huet, propriétaire, imprimeur, gérant et rédacteur principal du journal *Le Loiret*, de la rue de la ou des Vieilles-Poteries, n° 7, à Orléans.

Monsieur,

Puisque je vis, tout le monde vit, et voilà comment et pourquoi que je vous compte au nombre des vivants qui forment, seuls, le monde, non d'avant ni d'après eux. Gros-Jean qui en remontre à son curé.

Vous avez pu, vous Monsieur, m'écrire et me compter pendant je crois une vingtaine d'ans, au nombre de vos abonnés de et à Sully-sur-Loire, car mes yeux, qui sont partis d'avance pour l'autre monde, me réduisirent à ne pouvoir plus vous lire, non plus qu'un gentil Robert, champenois et journaliste aussi, lui, auquel vous prîtes naguères de l'intérêt, car son indépendance, douce et décente, le faisait manquer d'imprimeur ; il en força un, on le lui reprit, et toujours les tribunaux avaient raison, jusqu'à ce qu'enfin un sien confrère, imprimeur et journaliste comme vous, lui *ouvrit* ses tendres bras, pour *concourir* avec lui, dans, sauf erreur, la capitale des Vosges, à la rédaction du Journal, doublé, donc de l'ancienne Haute-Marne, qui se rapprocha ainsi de l'ex-préfecture, Henri Siméon.

Je suis pourtant, Monsieur, puriste et philosophe, comme si j'étais Vion cadet, le curé capitaine dont le scandale, exemplaire et sage, vint de ce qu'on avait puni dans lui un acte discret de curé bon enfant, qui avait béni un lieu *profané* pour tranquilliser un père, et jamais je ne pus obtenir de vous l'insertion, en votre journal aristocrate, d'un pauvre petit article de moi ! Etiez-vous gêné dans vos finances ou dans votre cerveau, ou était-ce moi qui l'étais ? S'ils n'ont point reçu de l'amendement depuis, vous chanterez encore de même, à l'occasion de *la matière qu'on sent* par mon titre suivant :

LE DIABLE LÉGITIME

dit

Le VRAI DIABLE ou le PHILOSOPHE A PARIS;

Et cette matière, Monsieur, commence ainsi *qu'elle file* ci-après :

Reys à MM. les journalistes de France que, faute d'yeux, depuis quatre ans et plus, il ne lit plus et ne connaît plus. Suivez, vous Monsieur, ce feuillet, et vous en saurez là-dessus tout autant, sinon *plus* que moi, car vous en aurez, vous, *le sentiment* qui *s'use* en moi tous les jours !...

Ah ! si vous alliez en commencer le bal ! Oh ! je ne serais pas fâché d'en ouvrir la danse *par* vous et *avec* vous ; je n'en dis pas autant de Madame, vu que, dès septembre 1830, elle prit de moi inquiétude *pour vous* : N'allais-je pas *créer* un *Journal* aussi et l'*imprimer* dans *mon grenier*, comme le *grand Sully* imprima *ses Mémoires* que j'ai, moi, en douze volumes reliés en veau, dans *son château* du *duché* de Sully ? Mais lisez et *tappez* fort, si vous vallez mieux que moi ; c'est ainsi que j'*empirerai* ce que je vous suis déjà, je veux dire, Monsieur,

Votre très humble serviteur,

REYS, *rentier.*

Chez Mesdames Lhuillier, à Gagny (Seine-et-Oise).

Gagny, par Neuilly-sur-Marne (Seine-et-Oise), le 28 août 1844.

Partie le 31 dito, par Villemomble (Seine), affranchie.

REYS à Messieurs les Journalistes de France que, faute d'yeux, depuis quatre ans et plus il ne lit plus, et ne connaît plus.

Messieurs,

Je vous présente mon diable, et je le mets sous la protection de votre savoir-faire ; il la mérite je crois, car c'est un bon diable au fonds, quoiqu'il fasse souvent à ceux qui le prennent pour un autre des tours de diable.

Oh ! c'est que mon diable, Messieurs, est la Minerve de Fénélon, dans son Télémaque, du haut en bas, et de large et de *long*, surtout vu qu'il a déjà une queue d'un million de mètres ou environ : n'importe, ses pieds fourchus le portent où personne ne le croit, au Roi, par exemple, et, s'il avait à son doigt l'anneau de Gygès, il ne s'en servirait, lui, que pour démasquer le vice, l'ignorance et la présomption, que pour faire le bien, l'amener où il n'est pas ou le ramener où il n'est plus. On vous dira par-ci, on vous dira par-là : N'en écoutez rien, ça ne vaut pas le diable ; Eh ! quoi, n'oseriez-vous prendre la liberté de le juger et faire juger par ses ouvrages ? Quel auteur, bon Dieu ! ne s'y peint presque malgré lui, au bout de son oreille ? Non, un auteur, à sa hauteur gigantesque qui l'occupe, n'a pas le temps d'être un misérable, comme on le fait, même en ses justes et libres délassements folâtres, quelquefois, comme ceux de Henri-le-Grand, qu'une menteuse va tuer.

Pour à présent, Messieurs, faites votre tâche ; en ce qui est de la mienne, parlons peu et parlons bien, s'il vous plaît : Pour cela faire, je vous quitte, bavards, car j'ai à chercher un imprimeur libraire et éditeur qui ait plus d'argent que moi qui n'en ai pas, c'est le diable ; ou des souscripteurs aimant à rire, batifoller et s'instruire, pour leur argent, au centuple de ce qu'ils en exposent de bon, dans et pour le bien qui n'est pas moins que le vrai, le juste, le bonheur et la pure prospérité de tous et pour tous : A vous, Messieurs, je vous en souhaite, à tous, diables ou saints que vous soyez, et

J'ai l'honneur d'être,

REYS, Mentor de 83 ans et secrétaire à vie d'une Minerve-démon qui clapaute, dans la boue, pour nous élever tretous jusqu'aux cieux.

Gagny (Seine-et-Oise), le 27 août 1844.

P. S. Je vous défie d'insérer ma lettre, chacun dans votre journal ouvert aux injures du temps ; si vous le faites tous, du droit du diable, je vous tue tous et je m'envole après de la terre au ciel, où ; mais ne parlons pas de lui, Orphée sait, lui, ce qu'il lui coûte : on a encore l'embarras d'une femme. Pardon, Mesdames, car désormais il faut que je sois toujours sage et fou à la fois, ou mon ouvrage ne vaudra pas le diable, plus que les calomnies intéressées dont on m'abreuve pour vous depuis dix-huit mois. Pardon, Messieurs les journalistes, vous non plus, vous ne bavardez pas toujours.

Calomnies intéressées, voilà qui est bien entendu et écrit et signé et garanti.

REYS.

COMME PROJET PROVISOIRE DE SAGESSE.

REYS à l'imprimeur supposé et ignoré (1) du journal dit *Satan* ou *le Diable à Paris*, ou seulement de trois volumes d'annonce d'icelui, avec échantillon,

qu'on dit être rue de Richelieu.

Monsieur ou Messieurs,

Sous quelque titre ou manteau que ce soit, si l'on sert son pays on fait acte de bien et de bienveillance en sa faveur. Aussi, viens-je me présenter à vous en toute confiance, sous ce titre :

LE DIABLE LÉGITIME,

dit

LE VRAI DIABLE à Paris.

Moi s'il vous plaît, Monsieur, pour acquitter, avant de mourir, ma conscience envers mon Roi et ma patrie : Au lieu de malice, vous trouverez en cet échantillon de mon savoir-faire des faits et toujours des faits on ne saurait plus graves en leurs apparences, et ne laissant pas après eux de quoi fouetter un chat, mais, en cela même, des avertissements sérieux à un chacun de *se tenir* dans *le bien* et dans *le vrai* qui éclaire et garantit son existence et sa durée : Jamais gouvernements n'ont rencontré un diable de ma sorte, en quoi je suis aimé, chéri et recherché par les *hommes de bien* qui les *composent* sans plus (vous m'entendez).

Mais, Monsieur, je n'ai point d'argent et j'ai 83 ans du bon Dieu : Oh ! vous allez *me chasser* comme on chasse *les pauvres diables* : A tout risque, voici mon adresse à Paris, pour deux jours seulement, de celui où vous verrez moi ou ma lettre :

« M. Reys, rentier, hôtel Saint-Christophe, n° 49, rue Montorgueil. »
Puis,

J'ai l'honneur d'être,

Messieurs ou Monsieur,

Votre très humble et obéissant serviteur,

REYS, rentier,

Gagny (Seine-et-Oise), 22 août 1844.

Mais routier dans les *matières d'État* sous les plus grands maîtres d'Europe depuis soixante ans ; ce qui peut être l'acheminement à une grande fortune, pour un

(1) Si ce n'est pas lui ce sera tout autre patriote vertueux, et cette lettre y figurera.

être pur et *de raison* éclairée par la sagesse et la vérité, selon la Nature, son âme et son esprit non étrangers à celle humaine, secret de la création et de nos
distinctions : Oui nous en sommes l'image et l'accident éternel par succession.

Commencement ou annonce partie, de
huit pages, même papier, titre comptant pour une, comme celle-ci, faite,
elle, *currente calamo*, qui veut dire à la dépêche : il est bien temps de se
dépêcher quand on touche à ses 83 ans. Aussi, je me dépêche de vous
écrire que,

(M. Besnard, chef-prote de l'imprimerie royale, place royale, du
marais, en son bureau de ladite, à Paris),

Quand vous vîntes à Villemomble (Seine), avec un de vos collaborateurs
choisis, visiter le beau parc royal du Raincy, vous y trouvâtes, ou près de
là, le *démon* en sa 83ᵉ année, je crois (empêche de mentir), démon dont s'il
eût été dirigé comme pour elle, vous eussiez présente l'ouvrage à la commission pour l'encouragement, et je n'en doute pas, le *soutien* de la littérature
joviale, coqueluche des français, ou plutôt, de la *bonne* et *vraie* littérature,
claire et concise, de l'Attique en France.

Aujourd'hui, monsieur, j'ai ce qu'il lui faut à votre estimée commission
pour faire (car il ne faut pas l'oublier), de notre Roi, *le Roi du monde* en *le*
mariant, gare à la jalousie, au désespoir ! avec *la véritable* opinion publique
qui est bien la *reine du monde*, et *non pas* sa *Sémiramis*, car c'est *tout bonne-*
ment sa *Minerve en goguette:* ces *pauvres déesses* ne rient, chantent et
dansent-elles pas aussi? Mais,

Vous, monsieur, *sachez* que Minerve, elle, comme le sage Épicure, sait
prendre tous les tons et tous les visages pour *attirer* et *amadouer* son monde :
je fais comme elle, moi, son *secrétaire* à vie; voyez plutôt :

LE DIABLE **LÉGITIME**,
dit
Le VRAI DIABLE *ou le* PHILOSOPHE *à Paris.*
1844.

« S'ils n'eut point d'âme et point d'esprit en son
« vivant, en aura-t-il après sa mort? » Reys,
demandant pardon à tout le monde qui l'entend,
le Roi en valant un autre,
de l'imprimerie royale, etc.;

et, quoiqu'il en soit,

Reys à l'imprimeur supposé et ignoré (1)
du journal dit *Satan* ou *le Diable à Paris*, ou seulement, de trois
volumes, d'annonces, d'i-celui avec *échantillon*, qu'on *dit être*
rue de Richelieu.

Monsieur ou Messieurs,
Sous quelque titre ou manteau...... mais je suis bien *bon* ou bien *bête !*

(Au lecteur.)

Lecteur, pour peu que *tu te sentes* (et tu n'es pas *contraint* de nous le dire

(1) Si ce n'est pas lui, ce sera TOUT AUTRE patriote vertueux, et cette lettre y figurera.
Vive la **constitution** !

à tous), malade d'esprit, *chaud* ou *froid*, car l'un ne vaut pas mieux que l'autre, *relis* ma lettre précédente à l'imprimeur *du Diable* à Paris, lui (sauf erreur) *pactisé* avec le diable *dont se pourlèche* Proserpine, femme de Lucifer, et *tu seras guéri,* et tu ne t'en *vanteras pas,* et *tu ne seras pas* plus que notre Roi, *un petit garçon de l'école,* en Suisse.

Pour *moi,* je *le quitte,* car le cauchemar de *la paresse* me prend : que de *démons* à combattre !

Il faut pourtant que je *me recramponne* à vous, ô *mère* de *mon Dieu,* âme et esprit, qui sait, *lui,* comme nos gouvernans, papes, évêques, etc., *se passer* de *corps;* car *Dieu,* sacré *par* l'esprit-prêtre, *éternel* du *monde,* fait et dit l'Esprit-Saint ou le *Saint-Esprit* du *ciel,* fatras pour l'un et *l'un et l'autre* système réligieux *se succédant,* j'ai, *moi,* pour *vous,* de la *religion,* et, *vous aimant* comme je vous aime, c'est *dans l'intérêt* de *votre religion* que je *vous presse* de *reprendre votre corps éternel* sous *les jupons* de la nature, *ma mère,* et je *vous reconnaîtrai* alors pour *un puissant,* mon père, et le père de *Jésus-Christ-fatras,* n'ayant, *lui* et Saint-Jean l'apocalyste, fait rien autre chose que du *fatras* en religion, *si l'on en excepte, en son* évangile, etc., *ce qui est pure* et *bonne* philosophie, comme *celles* des *autres philosophes* des siècles passés, présent et *à venir,* eux, *non menteurs,* au nom de *la vérité de Dieu,* comme ceux qui ont fait et bâti, comme base de *foi et de sainteté,* cette *sotte vérité-là !* Je ne *fais que cela,* lecteur, et c'est du *devoir* et du *droit* de *tous les hommes,* de tous les gouvernants capables, de tous les prêtres non colériques, comme sophistes par intérêt, d'avoir chacun leur pensée religieuse *à eux,* et de l'*écrire,* la *prêcher,* la *dire* et la *publier,* ce qui est clair et pur comme de l'eau de roche, si *tu me lis* et *embrasses* partout, *jusques et compris* ma *grasse, grosse* et *grande* succession, passée, présente et future. Mais moi, rassurez-moi, M. Bénard, si ce n'est Besnard.

« Payera-t-on lentement ou négligemment et avec chicane, à la Caisse « des dépôts et consignations? » car j'en suis

« Plus pâle qu'un rentier.
« Quand un maudit arrêt lui retranche un quartier. »
REYS, rentier.
Poste restante, à Villemomble (Seine).

Gagny, 24 août, départ de six heures, soir, audit Villemomble.

(A M. Danicourt-Huet.)

Je vais faire suivre ici le commencement de la première de 8 pages d'échantillon d'un grand ouvrage complet, et toute une lettre montrant la *cause de mes écrits,* tous ayant le ton, la clarté, la concision, peut-être même la profondeur de *ma jouante introduction* précédente.

Pour le cas où il se déciderait et prendrait des moyens à faire, lui et moi, notre fortune avant ma mort, plus grande affaire pour les prêtres que pour moi.

Mais auparavant, me permettriez-vous d'intercaler ici une page volante dont vous ferez ce que vous jugerez utile et convenable? Elle suit celle-ci sous la cote 5, et, par son mérite comme par sa pureté, elle est, pour *le monde* d'un grand intérêt.

Liaison à la page précédente, et suite annoncée à M. Danicourt, attentif ou léger.

Car il faut toujours amener ou ramener l'homme à la raison, à la justice et à la bonne foi pour le rendre capable de tout en ne s'en écartant jamais. Or, vous *l'avez vu,* Monsieur, je suis *d'accord* de la possibilité du *patriotisme* sincère de l'écrivain, et de l'imprimeur de *Satan* ou du *Diable à Paris,* sous *quelque forme* qu'ils aient pu prendre. A leur tour *le seront-ils* de *celle* de *celui* de S. Em. Mgr l'abbé Morlot, archevêque distingué actuel de Tours, qui, à son avènement à l'épiscopat, par l'évêché d'Orléans, suffragant de l'archevêché de Paris, voulut bien m'écrire, à Sully sur Loire, la lettre dont voici la

Evêché   COPIE.

d'Orléans.   Orléans, le 29 septembre 1839.

Monsieur,

J'ai reçu la lettre que vous m'avez fait l'honneur de m'adresser le 26 de ce mois. Quoiqu'elle renferme *bien des choses* affligeantes pour *le cœur* d'un évêque, je veux cependant y voir un *témoignage* de *confiance* que *j'apprécie,* et dont *je suis reconnaissant.*

Vous *appartenez,* Monsieur, à la *grande famille* dont je suis *le père,* et vous *avez droit* par là même *aux sentiments d'intérêt* et *d'affection* dont mon cœur *est rempli* pour *tous ceux* qui *habitent* ce *vaste* diocèse : permettez-moi donc de *vous dire,* dans *cet esprit* de *douceur* et de *charité* qui *doit présider* à toutes les *paroles,* à toutes les *actions* d'un évêque, que votre *manière de voir,* en matière de *religion,* ne peut être que *le fruit* de *préventions* mal *fondées,* et qu'à l'âge *où vous êtes arrivé,* quand les *préoccupations* de *la terre* ont *dû s'affaiblir,* quand *l'entraînement* des *circonstances,* des *illusions* et des *préjugés* a *dû faire place* à des *pensées* plus *sérieuses* et à des *réflexions* plus *graves,* il est *bien temps d'examiner les choses* avec *bonne foi,* avec *droiture de cœur,* et *désintéressement* de *toute idée particulière* et *personnelle* (oui, car si l'on a *un intérêt* contraire à la *vérité de la nature,* à *son sens* ou *exemple,* le sophisme et la colère remplacent bientôt dans les *saints-pères,* papes et *béats* du *ciel-fatras* la *bonne foi* et la *vérité pure)*

Car les *objections* ou les *résistances* que *l'on oppose* à *la vérité* (de Dieu), ne *peuvent rien* contre *elle ;* elle *a traversé* les siècles sans avoir été *ébranlée* (1) de *ces attaques ;* elle en triomphera toujours (de lassitude vu sa constante chimère), et comme il n'est pas *indifférent* pour *nous* de *rentrer* ou de *nous soumettre* (à vous), avant *de prendre* le *terrible parti* de *nier* ou *de combattre,* il faudrait *bien connaître* (comme Jésus-Christ), l'état de la *question,* et *l'avoir examinée* sous *toutes ses faces.* Or, *je suis persuadé* (oui, dà)? Monsieur, que *vous ne l'avez pas fait* encore, et je viens *vous demander* d'y *penser* et de *vous en occuper.* Recevez *cet avertissement* (un bon averti en vaut deux) dans le *même esprit* qui *me l'inspire* (et me fait *vous admirer) ; interrogez* votre conscience, *sondez* votre *cœur,* éclaircissez les *doutes* qui *se sont emparés* de *votre esprit,* et j'ai la *douce confiance* que *vous reviendrez* avec *simplicité,* empressement, *à Dieu,* à *la religion qui est son ouvrage* (sauf *l'esprit-prêtre* du monde, *éternel* comme celui-ci, à tous les *devoirs* qu'elle *impose* (ce que je *suis* par *respect humain* et pour *l'ordre social* seulement), à *ses enfants* (le seront-ils toujours)! non dans un *esprit de servitude* et de *contrainte,* mais *bien plutôt* de *douce liberté,* de *paix,* de *sûreté* pour *le présent* et *l'avenir éternel* (et de *tolérance* surtout).

(1) Et pourquoi donc, Monseigneur, êtes-vous allé à Rome chercher des *moyens* contre l'incrédulité rapide de l'Espagne sous *le duc de la Victoire?* Hélas le Saint-Siège *n'a trouvé,* lui, de *remède* à cela que *dans nos prières!* mais *nous,* pauvres diables, *à*

TOLÉRANCE.

Qui a plus besoin de tolérance que les prêtres-renards ou l'esprit-prêtre qui a créé Dieu le Père, le Fils et le Saint-Esprit, ou la religion chrétienne, mahométane, païenne, etc. toutes basées sur le mensonge et la superstition ou la dénaturalisation et l'abâtardissement de l'homme pour le seul intérêt de leur vaine et onéreuse domination? En ne parlant ici que de celle parmi nous constitutionnellement reconnue ou annoncée, celle de la majorité des Français, qui varia en France comme en Espagne, selon l'élan de l'esprit humain, ou, comme le dit l'honorable Morlot, sur et selon les circonstances, qu'y sont Dieu le Père et Dieu le Flls, dis-je au Roi le 7, et à son procureur de Pontoise, le 8 août passé? Ce sont deux zéros qui, n'ayant point de valeur par eux-mêmes, décuplent ou centuplent celle de l'esprit-prêtre, leur créateur et inventeur, quand il les pose à sa suite; ici je dirai comme je l'ai dit encore au roi le 12 juillet dernier, et encore au roi, par ses ministres, le 15 août dernier, et le 16 d° par son président de Pontoise; qu'est le péché originel? Ce sont la raison, la justice et le vrai innés dans l'âme, le cœur et l'esprit de l'homme, contre lesquels militent sans cesse la mauvaise foi, la tradition sainte inventée, quoiqu'absurde, et la sotte superstition; qu'est le diable ou le démon? C'est *le vrai* ou le vrai philosophe tel que moi, dont le flambeau déconcerte le vice et dissipe l'erreur. Ainsi, roi de France et Français ses enfants, défendez vos idoles, mais soyez gueux et esclaves par eux, et bientôt avec eux, comme des rats d'église, comme le roi de France Philippe à Saint-Benoît-sur-Loire, diocèse d'Orléans. Hé quoi! devez-vous tant chérir les biens de la terre quand votre fortune vous est assurée dans les cieux par les directeurs sacrés de vos âmes, et le plus mesquin confesseur, pour l'éternité heureuse que je vous souhaite à tous, non plus au nom de votre bien-bonheur et prospérité terrestres, mais du Père, du Fils et du Saint-Esprit du ciel, fatras pour les chrétiens comme pour les païens.

Moi, je reviens à mon engeoleur l'honorable et sacré archevêque Morlot, pour Tours, dont j'eus à me louer peu après sa lettre, pour les marques de distinction particulière qu'il me donna dans la mère-église de Sully, devenue succursale pauvre de la paroisse riche actuelle dudit Sully, en 1792, quoique mon Saint-Germain en contiendrait et croquerait deux comme elle, chétive aventurière, chassée du château de Sully, par argent du grand Sully, protestant contre les chants et doctrines des chanoines sous Saint-Ythier, qui cornaient mal à ses oreilles, et qui, ô les saints gueux, lui enlevèrent Victor son fils, qui fit des Sully de France des caffards romains, après que le pauvre Henri IV, par les jésuites, leur ensorcelé roué Ravaillac, lui eurent donné son atou, dont un bréviaire préserva mon Sully-le-Grand Rosny, duc de Béthune, roi de... qu'importe? Il est mort et ne reviendra plus, à moins que ce ne soit *moi*.

Au contraire, vous, Français, et toi, leur roi, n'allez pas croire vous tretous que S.-Em., de vous chéri comme de moi, ait répondu le moins du monde à mes confession et réclamation. Je lui disais : « Comme canaille, je « suis chrétien et j'en observe à peu près les obligations; mais si j'étais roi,

qui les *adresserons-nous?* Vous *nous faites* un Dieu sourd, muet, aveugle, sans tact ou toucher et sans odorat! par où l'intéresser? S'il avait du moins *le goût*, je lui offrirais *du sucre*, pour *l'appaiser*, comme les païens, des bœufs à leurs dieux, qui n'en trouvaient pas dans les cieux, où étaient jusqu'à des forgerons d'un grand appétit!

« je vous mènerais tous à la Frédéric-le-Grand, aimant son peuple mieux que
« vous et mieux que Dieu, à qui il dit : « De par le roi, défense à Dieu de
« faire miracle en ce lieu, » ce que Dieu n'osa pas enfreindre, car il y a des
« couards jusque dans les cieux. » Et je lui ajoutais : « Une enfant m'intéresse
« en ce que je suis son bienfaiteur et son père nourricier ; c'est, je le sais,
« car je fus son précepteur, la plus savante du catéchisme à Sully, et, dans
« l'intérêt de toute sa vie, touchant à sa douzième année, je vou-
« drais l'avancer d'un an, et, à cause de cela, notre curé la recule d'au-
« tant pour sa première communion, elle qui aura 26 mois payés d'appren-
« tissage en son métier de couturière en robe, elle, la pauvre enfant, qui ne
« se connaît d'autres parents que sa mère, qui, par un mariage, chèrement
« répara bien cet accident : pour mon curé, M. de Rabelleau, fils du pres-
« que préfet d'Orléans, sous le vicomte de Riccé, sur ma réclamation,
« que me répond-il? le voilà : « Ce qu'un prêtre a *dit* et *fait*, il ne le *dédit*
« et *défait* pas. » Et vous, Monseigneur, ne pourrez-vous rien non plus en
« temps utile encore pour cet enfant? » En réponse, Monseigneur m'a garanti la moralité du prince spirituel de Sully. Hé quoi ! avait-il appris déjà
que cette moralité spéciale, comme séducteur hardi, avait été longtemps
mise en question à Sully, où le *tout fou* curé et confesseur est *l'enfant* gâté
et *chéri des dames*, pour le *déploiement* de ses *bras, parlant* mieux que lui
dans ses augustes sermons, où il nous a prédit que nous nous reconnaîtrons
tous, un soir, à la lumière du feu du monde et de l'univers brûlant, dans la
vallée de Josaphat.

Allons, Français, calomnier est bon, vous le voyez, il en restera toujours
quelque chose ; Beaumarchais vous l'a dit : «La calomnie, docteur, est l'âme
« de l'intrigue. » Ah ! mon cher curé de Sully, vous reverrai-je bientôt !

A présent, reprenons ici, de là où je l'ai quitté plus haut, le suivant.

NOTA. Le surplus est relatif à une réclamation de *moi* contre l'absolutisme
du curé de Sully : « Ce qu'un prêtre a *dit* ou *fait*, il ne le *dédit* ou *défait*
jamais, » principe sur *l'infaillibilité* du *pape*, qui, pourtant, est un *homme*
comme *les autres*, et non comme *le philosophe* à qui, dit Quintilien, « *rien*
« *d'humain n'est étranger*, quoiqu'il *soit homme* et *rien qu'homme*; lui,
donc, qui *n'est pas* Jésus-Christ ni Dieu, âme et esprit *sans corps*, et encore
moins *esprit-prêtre* du monde, *tourné* en esprit saint ou Saint-Esprit-fatras
du *ciel*, autre *fatras* comme *l'enfer* et le *purgatoire*, eux tous *qui sont* pour
le monde qui vit, quand *il y a* pour *lui abondance pure*, retard ou manque
d'argent et de bonheur, enfin un manque *de bien* menant alors au *mal* qui
est bien surtout lui, *le diable* triomphant de notre ange gardien, devenu,
dès-lors, *bon à rien*, quand un *bon diable* est *bon à tout*.

(A M. Danicourt.)

Pardonnez les renvois et déplacements, c'est que j'ai voulu ne vous
    priver de rien,   REYS.
Qui l'a privé, ce faiseur d'articles par mécanique, de
mon article, non fait le 2, sur la passée

Tolérance,

dont, pour lui aussi, mon cœur est tout plein,
aujourd'hui, 4 septembre 1844.

REYS, philosophe,
Étouffé par la haute science de ceux
des 18 siècles derniers.

REYS, rentier de Gagny, touchant à ses 83 ans, à M⁰ Pinté, avoué, à Pontoise, d'où lui Reys est revenu.

> « Imprenable sur les bonnes mœurs véritables et
> « sa probité, on l'interprète sur sa gaité, justice et
> « liberté pures et non démeutles, pendant et depuis
> « ses 60 ans de combats droits contre l'imprévoyance,
> « la sottise et l'ignorance. Ainsi, lecteurs, grâce pour
> « lui; mais garde à vous, car il vous aime tretous
> « plus que lui-même et vous mettrait dans ses petits
> « boyaux, comme le monde entier de l'univers. »
>
> JEAN, *la bête*,
> Qui avale le monde d'une bouchée pour le tenir, tout, en ses
> petits boyaux d'ogre de Gagny.

Monsieur,

Toujours frustré de résultats en mes efforts pour obtenir par justice du cœur et des lois ce qui n'est pas dans l'âme des égoïstes plus que dans celle des paresseux, c'est encore à vous et par vous que je dis et exploite utilement et dûment la vérité au profit, je crois, de ma cause, si ce n'est pas au contraire la desservir auprès d'hommes portant leurs préjugés, jusqu'à l'aveuglement et la passion.

Ainsi, Monsieur, dans un esprit de sagesse et de bonne foi, directement contraire à celui de surprise dont je me plains, dans presque tous mes adversaires, craignant que deux objets, minimes mais importants pour eux-mêmes, leur soient inconnus, je viens vous dire que, le 18 du courant, j'ai adressé la communication suivante, en ses termes précis de l'un à l'autre bout, et la voici :

> « En souvenir de ma bonne réception, par lui, au 2 septembre 1843, elle
> « gâtée et nulle au 4 dito, ce qui me fit lui écrire le 5, et, pour le ministre, à
> « son loisir. »

> Communication à Monsieur le Secrétaire particulier de Monseigneur
> Martin (du Nord), par Reys, dont la famille, du Nord, Ceckman,
> cordonnier, et Masquelier-Reys, de Douai, lui est bien connue.
> Ainsi,
> Copie de ma lettre, du 18 août courant, au Sous-Préfet de Pontoise.

Monsieur le Sous-Préfet,

Celui qui a eu le bonheur de vous voir un moment, s'il sent comme moi, ne vous oubliera de sa vie. J'eus ce bonheur-là le 20 juin dernier : Dans vous quelle douceur! quelle bonté! mais aussi, quel grand caractère! Vous ne voulûtes pas convenir d'une vérité que mon agent de Paris, M. Marest, au 30 mai dernier, m'annonçait ainsi :

> « Votre certificat de vie, légalisé à Pontoise, le 25 mai seulement m'est
> « parvenu hier matin 29; le même jour je l'ai porté, etc. » (1).

Eh! Monsieur, combien de choses se passent en France que le Roi ne sait pas! Pour moi, je voudrais n'être qu'un avec le Roi. Eh! ventrebleu! comment donc faire pour cela? J'y tâche et cela me tache! Cela vous tacherait-

____

(1) J'ai vengé mondit agent en lui envoyant par le Sous-Préfet même copie de cette lettre à celui-ci, avec ces mots (pour l'appaiser); car vous avez vu, sous la date du 19 juillet, qu'il avait reçu de l'administrateur un démenti. En revanche j'arrange tout, mais par le Roi : Ah! comme le Monarque a bon dos!

Pour moi, je suis bien le *Vrai Diable à Paris*, moi qui ne suis qu'un ogre à Gagny !
« On n'est pas Roi dans son Pays. » REYS.

il de même, si vous voyiez M. le Président du Tribunal de Pontoise et M. son Procureur du Roi? car peut-être qu'à Pontoise l'administration et la justice sont le feu et l'eau ; ma foi, si c'est la même chanson à Paris, ah ! quittons au plutôt la France où ne peut se faire le bien, où *le vrai* qui assure celui-ci n'est autre chose qu'un embarras : c'est un pays sans bonté, sans vertu, sans ordre et sans liberté, qui ne va qu'à veau-l'eau.

Mais auparavant veuillez, vous, bon Français, sacristie ! demander de ma part, aux deux magistrats de premier ordre ci-dessus si vous seriez de trop dans les secrets que je leur ai prodigués les 8 et 16 du courant ? L'envie, qui n'en a pas? de vous amuser, comme j'eus celle d'amuser au Conseil des Ministres le Roi, le 15 de ce mois, utilement aussi, m'inspire en cet instant jusqu'à la contusion, je dis jusqu'à l'effusion avec laquelle j'ai l'honneur d'être, non capucin, c'est vrai, mais,

Monsieur le Sous-Préfet,

Votre très humble et obéissant serviteur,

REYS, rentier,

poste restante, à Villemomblo (*Seine*), rivière, qui vous prie de faire transmettre, comme de coutume trimestrielle, le certificat de vie inclus, légalisé, certi*ficat qui* compte à jamais sur votre obligeance intarissable et tant prouvée !

Gagny (Seine-et-Oise), 18 août 1844.

(*A M* Pinté.)

« Réveillez-vous, belle endormie ! »

Nota. L'adresse, pour le secrétaire qui me reçut en secrétaire de Lucien Bonaparte et son collaborateur en tout et à tout, était ainsi :

« Monsieur le secrétaire particulier de sa grandeur et son excellence, Mon-
« seigneur Martin (du Nord), garde-des-sceaux, ministre de la justice et des
« cultes, comme tel membre du conseil des ministres, auquel est déférable la
« présente, pour et dans un besoin très prochain au ministère de la justice,
« place Vendôme, Paris. »

Et cette mention :

« Affranchie, parce que sujet n'est pas maître. »

Dès ma lettre du 1ᵉʳ août 1843 audit ministre et par P. S. lue le 2 septembre dit, j'ai parlé de 100,000 francs de dommages-intérêts pour la nation contre M. Dupin, de Pontoise, pour avoir privé celle-ci de *l'atticisme pur* qui est dans tous mes écrits ; j'ai des *anciens* quatre lettres qu'il m'a renvoyées, sous timbre de la poste ; lui, vous et M. le président *en avez* de nouvelles preuves, elles parleront s'il y a savants.

Mais; tous, vous ignorez ceci :

Dans huit pages, pour M. Hébert, j'établis le système de calomnies, en faits, contre moi, par Mesdemoiselles Lhuillier, sous la date du 29 juin dernier ; et, dans mon envoi à Sa Majesté, du 12 juillet dernier, je montre contre elles l'origine qui se perpétue de mon *ogrolat* (car vous m'avez vu signer R. ogre de Gagny), appliquée à une famille sachant d'elles d'abord « que j'étais « un *miracle personnifié* de vertu, de générosité et de grandeur d'âme : » Quelle *chûte !* contre l'*ogre*, on ôte et ôtera le bouton de la porte-vestibule qui renferme, en double, toutes les *chairs fraîches*, de peur qu'il *ne les dé*-

vore et, malheureusement, on n'a pas même en toute ma vie un indice qui pût montrer en moi un séducteur ou un philosophe cessant d'être le maître de ses sens, en quoi pourtant de calomnies, *de faits* faits ou à faire, je conclurai à 2,000 francs de dommages-intérêts, par Mesdemoiselles Lhuillier, en ma faveur.

Après, Monsieur, *ce raccourci clair*, donc, en *atticisme*, je n'ai plus qu'à *vous extraire* de mon envoi du 12 juillet, au Roi, ceci dont je fais, s'il vous plaît,

OFFRANDE A L'OPINION PUBLIQUE.

> « Sans le droit constitutionnel des auteurs
> « philosophes, on tombe dans le Robespier-
> « risme, et, pour l'éviter, »

(A l'honorable M. Pinté.)

Avoué pur et indépendant par état et principes, et surtout philanthrope, au cas d'infortune, à l'égard des probes, justes et vrais en tout; lui exerçant avec l'estime publique près le tribunal civil de Pontoise, où, par un effet de mon espoir et de ma confiance communicative, alors urgente, de juin à juillet, en l'an 1843, j'eus le malheur de n'être ni bien lu, ni bien compris, ni apprécié comme j'eusse dû l'être ; de tout quoi je fus la victime entre les deux principaux magistrats, de M. Dupin, son procureur du Roi, qui, pour cela, se fit à la fois voleur, incendiaire et prévaricateur ou manquant de justice et de bon sens.

(Confidence à M. Pinté, pour sa gouverne, s'il lui plaît.)

Quoi qu'il en soit, au lieu d'*écrire* pour la centième fois inutilement la lettre qui précède ceci, ne pourrait-on pas *la signifier* en tête des *conclusions* à prendre, aussitôt et d'abord, selon les propositions que j'en fais, dans une feuille cotée 12 et 1, que j'*annexerai* à ceci (1), et qui résultent de *conventions* violées ou inexécutées d'une part seulement ?

Alors, on *en ferait* les têtes à l'étude, pendant que Me Pinté rédigerait avec moi judiciairement les conclusions contenant, elles, *assignations* pour *plusieurs points* d'icelles. Et, quant à *la matière,* nous *la trouverions* dans le *ressassement* fait, pour moi, du 5 au 20 juin courant, des conventions et faits.

Flectamus genua.

> « *Folle, crucifige* : »

> « Qui, qui? » Aristippe.

« La voix du peuple est la suprême loi : »

« *Presse* ou *gachi*, sans remords. »

Gagny, le *vendredi*, jour de mort ou tuerie, 5 juillet 1844, pour la composition ; 10 dito, pour *le Roi*, le sera-t-il? Pardon.

Suite, toujours feuille et page 9, aussi de mon envoi, à S. M., du 12.

Plainte confidentielle à M. Dupin, procureur du Roi, à Pontoise,
contre Me Pinté, avoué de ladite ville, son défenseur.

Monsieur le procureur du Roi,

Je vous ai dit le 22 juillet de l'an dernier, matin, chez vous : « Que j'étais

(1) Dans la presse de Me Pinté, je *n'avais pu joindre* les pages 12 et 1 tenantes : mais, dans la rue, je les ai extraite de mes papiers, et, les ayant, il les a posées sur son bureau et les a lues, puisqu'il me l'écrit, du reste.

« au titre de confrère, philosophique, moral et politique, véridique, etc.,
« *l'enfant gâté* de MM. les procureurs-généraux, des procureurs du Roi, et
« de MM. leurs substituts. » Apparemment vous aviez déjà de bonnes raisons
pour ne pas me croire, car vous et toute la magistrature de Pontoise aviez
lu ou déchiffré péniblement *mes illisibles communications préservatrices*, à
vous et à M. le président, du 7 juin au 12 juillet dit ; et elles étaient finalement *devenues* si récréatives et amusantes, que je *les ai nommées* du nom :

    « La morale pour rire et réformer tant le cœur que l'esprit humains,
    « susceptibles pour moi (le peuple) ;
    « Comédie dont *j'avais créé* vous, le président et vos amis de choix, les
    « censeurs *bénévoles*, ayant *à me renvoyer* comme tels mes écrits, s'ils
    « les improuvaient par malheur. »

Rien, de tout cela, n'est perdu pour *le juge des censeurs* ou *compères-
détracteurs* légers. Aujourd'hui, M. le procureur du Roi, je viens vous
porter plainte contre Mᵉ Pinté, avoué, votre défenseur, qui *s'est rendu*
volontairement *coupable* d'un *larcin*, qui *me fait* vous le nommer Pinté, *le
larcineur* malicieux, de *mes pages* tenantes et se correspondant sous les
cotes 1 et 12, d'une instruction en date du 8 juin dernier, pour *mon avocat ;*
cette instruction dans le cours de laquelle on voit la conduite *qu'avaient à
tenir* Mᶫˡᵉˢ Lhuillier avec Eugénie (1), quand il *prit* à celle-ci *l'envie* au
28 mai 1843, soir, seulement, de *leur dire* et *à M. Tressat, sa dupe,* cor-
rigé, à son tour, d'une voix de fait qu'il osa, par moi, le 2 juin, maire et
curé aidant, « qu'elle avait peur de moi, » et à moi, celle de *vous montrer,*
« comment il n'y avait plus, pour elle, de quoi s'en effrayer tout-à-coup, »
et *le parti* qu'au contraire, *ces bonnes demoiselles* tirent, depuis plus d'une
année, de cette déclaration mensongère de la vestale, Eugénie Bezin, qui a
fait elle-même son triste sort actuel.

Quant à l'épithète de *menteur* dont j'ai *enrichi* les titres que je vous donne,
M. le procureur du Roi, sa *justification* est dans l'écrit de huit pages, par
moi *destiné*, le 29 juin dernier, à M. Hébert, procureur général et député
de la Seine ; et l'établissement, par moi, de la *fausseté de votre jugement*
sur *mes écrits*, est dans *ceux-mêmes* que *vous avez* indignement *profanés*,
en les *faisant remettre* par M. Mongrol, qui vous admire, à *mes ennemis*,
qui *les ont commentés* avant le temps, et décousus, selon leur science, le 24
juillet de l'an dernier, à l'occasion de *quatre petits*, dont le maire de Gagny

(1) Mon histoire fidèlement tracée, par *Duplicata*, au conseil des ministres et au
conseil du tribunal de Pontoise, les 15 et 16 du courant, comme et pour leur bonne
bouche, avec Eugénie Bezin, peut, jusqu'à certain point, heurter les préjugés ; mais
elle n'offense point les bonnes mœurs véritables, vu mon observance des principes de
l'honnête homme qui ne veut, ne voulut et ne voudra jamais faire faire à une fille le
premier faux pas qui, souvent, la perd, en et pour toute sa vie : Aristippe était, comme
moi, d'accord avec la nature, notre mère à tous, de ne pas, pour son compte, dédai-
gner *son plus doux don*, le beau sexe, et quand Denis, le tyran de Syracuse, qui
connaissait son penchant, lui donne à choisir celle qui lui plaira de ses trois maîtresses.
« Je les choisis toutes trois, lui dit-il. » Et toutes trois, par ordre, le suivirent ; mais
lui, au bas de l'escalier, les renvoya toutes trois au philosophe Denis, maître d'école à
Corynthe, comme Louis-Philippe en Suisse ; traits où J.-J. Rousseau proclame deux
grands hommes, lui qui dédaigne presque les grands rois ; hé bien ! moi, je n'ai pas
renvoyé Eugénie, parce que je crus qu'elle allait remplacer, dans mon cœur et pour
les bons soins de ma vieillesse, une Pauline que j'aurais épousée, quand elle se démas-
qua, en me volant et me faisant voler 350 francs d'apprêts de noces. Juge à présent,
homme sensé, contre moi, si tu l'oses.

Gagny, 23 août 1844. REYS, à demi Bezin.

a mon reçu détaillé, au 24 dit : « Je vous ferai autant de bien, m'a dit
« Eugénie, que *vos écrits* m'ont fait de mal ? » Elle ment, c'est son mensonge qui lui en a fait.

Au reste, M. le procureur du Roi, permettez que je réduise *ma plainte*
d'aujourd'hui *au confidentiel* dont *j'attends plus que de la rigueur*; mais
pour vous en *faire toucher* l'importance *du doigt*, il *me suffira* de vous dire
que la page 1 contient *le nœud de mon affaire*, et celle 12, mes *conclusions*,
où je *demande*, d'abord, *le blâme* contre *vous* et *contre* le général baron
Joannès, *qui n'a*, comme son fils, mon beau petit-fils, *pas assez d'esprit*
pour *avoir pressenti* qu'on *n'insulte pas* impunément un philosophe, vain-
queur de Napoléon, comme il l'a fait, pour son déshonneur, en la cause, en
m'excluant de ses table et maison, moi, son allié et *doyen* de mérite, au
28 mai dit, *ce qui dure* encore en ce moment, et que, s'il eut ce droit, chez
lui, comme le charbonnier dans la belle Arsène, j'eus, moi, *celui* de le
corriger en mes écrits pour *l'autorité*, ce dont *il se plaint* et ce qu'il *ne devait
pas* provoquer par ses faits et sa haine aveugle comme lui, et dont *la publi-
cité* a atteint ma réputation, indemnisable aussi parmi ceux qui ignorent
mes capacité financière et véritable moralité d'esprit sage et exquis, dont
ceci est l'échantillon, si bien qu'à son entêtement, je réponds par le mien,
ce qui doit l'honorer beaucoup ainsi que son fils, madame à part.

Revenant à Mᵉ Pinté, mon cher et jeune maître : « J'ai lù vos *pièces* et
notes, » m'écrivait-il, le 24 juin dernier, et il *ne m'a renvoyé*, de celles-ci,
que mon : « je vous quitte, mesdemoiselles, » avec son *papier blanc* inutile,
qui *m'a fait payer* 60 centimes pour le port du *paquet*. J'en attendrai, par
le *secours* de votre ministère, *un autre* d'une *feuille entière*, en vous remer-
ciant, monsieur-messieurs, de garder le surplus pour ma mémoire dans
vos postérités descendantes jusqu'à l'enfer, mon pays, à Villemomble (Seine),
poste restante, etc.

J'ai l'honneur d'être,
Monsieur le procureur du Roi,
Votre très humble et obéissant serviteur.
REYS, rentier.

Gagny, ce 11 juillet 1844.

NOTA. Cette lettre est suivie, feuille et page 10, de ce titre, etc.

CLOTURE DU PRÉSENT.

(C'EST L'AFFAIRE.)

A Mᵉ PINTÉ.

Tranquillisez-vous, mon jeune et cher maître, vos écrits spongieux, vos
lettres et avis succulents n'y sont pas perdus dans mon envoi en dix pages-
feuilles, du 12 juillet dernier, au Roi, et je *les y fais ressortir* en ami, par
une polémique bénigne, qui, je n'en saurais douter, vous y amuserait beaucoup. Joignez donc, vous, à mes rares décimes vos abondantes pièces de cinq
francs, et nous y égayerons, à profit, même, nous instruirons, remoraliserons
et qui pire est et gâte tout, je le sens, nous enrichirons les Français à gogo,
que dis-je ? leur Roi, sa famille et *notre cher* gouvernement tout entier, jusqu'aux *bergers* qui ne font pas *dévorer* par les loups *leurs troupeaux*, tout ce
monde-là, les Rois et les peuples de l'univers, ceux de *la lune* exceptés,

prendront part au gâteau dont déjà, moi, tout *empaffé* pour *vous*, j'ai l'honneur d'être,

Mon jeune mais révérend maître,

Votre très humble et obéissant serviteur,

REYS, rentier,

Qui, si vous lui répondez jamais, vous prie au moins de ne pas oublier l'adres e où, *anti-dateur* que vous êtes, vous lui *envoyâtes son paquet*, sans *ses chausses*, le 30 juin dernier, quand le *timbre de poste* de Pontoise était du 29 dito à Villemomble (Seine) poste restante.

Au contraire, à Gagny (Seine-et-Oise), le mercredi 21 août 1844 (1).

(1) C'est mardi 20, je le sens à ma barbe, que je veux dire : le temps s'épouvante de moi, ogre de Gagny, car je devance le temps : et, si j'allais *dévorer* le temps? Saturne ne ferait plus d'enfants, lui qui, déjà, en eut cent.

NOTA. Mon envoi du 12 juillet contient tout et mène à tout; je m'y réfère et j'en extrais ceci :

P. S. Encore *une petite.*

COPIE.

OBSERVATION.

Suivre mes plans pour copies à distribuer ou envoyer de deux façons, serait continuer ce qui doit avoir une fin, faute de facultés, et, ayant estimé, le 19 août 1844, que la poire est mûre ou ne mûrira jamais, ce que je crains, j'ai écrit à Madame Hauduroy, pour *réaliser* mon projet extrême, triste et désolant mais, en mon cas, inévitable.

REYS,

Incapable de prévoir ce qui lui en arrivera : l'autorité est si hardie et si assoupie, tour-à-tour! Au reste,

(C'est par où je commence ici.)

CAUSE DE CET ÉCRIT.

(C'est la non réponse à ma lettre suivante), elle est bien parvenue.

Mais, auparavant,

REYS, à M. Marest, propriétaire, agent d'affaires, à Paris.

Monsieur,

En connaissant votre exactitude qui, à mon égard, ne s'est jamais démentie depuis trente ans ou plus, et voyant cette fois comme à la dernière échéance du 18 mai, votre retard insolite à m'informer que mes fonds, touchés par vous, se trouvent chez vous, sauf commission et port de lettre, à ma disposition à l'heure convenue, en quoi j'entends ici ceux de l'échéance du 18 août courant et d'un reliquat de ladite dernière, après avoir envoyé, moi pour vous, comme de coutume, mon certificat de vie régulier, à M. le Sous-Préfet de Pontoise, à ce qu'il le légalisât et le fît remettre à la poste de sa ville, cacheté et en règle, avec, pour lui tenir lieu d'enveloppe portant votre adresse, une communication juste et nécessaire, en laquelle vous *étiez partie* à *venger* et, ainsi, je l'ai cru *vengée* d'un *démenti* formel, donné par l'administrateur à l'une de vos mille et une vérités, claires et précises, j'ai écrit, le 24 du courant, pour moi, vous et autres, trois questions que vous seul, Monsieur, êtes à portée de m'éclaircir et presque me résoudre, et ces questions, les voici :

Première.

Aura-t-on mis ou voulu mettre, pour la seconde fois, à Pontoise, où je joue un grand rôle tout bas, sur mon certificat de vie, un *embargo*, et mettra-t-il encore onze jours ou plus indéfiniment à parvenir à M. Marest, mon agent de Paris, le plus probe et exact, lui, de ceux que j'ai connus ?

Deuxième.

Épuiserai-je entièrement mes petites épargnes d'ordre et de prévoyance, déjà une fois englouties par l'effet de l'oppression que j'éprouvais au 5 octobre dernier, à payer Mesdemoiselles Lhuillier, de leur *mois de* 90 francs, échéant le 27 du courant, mais *enflé* ainsi de *tout ce que*, par leur inexécution de nos conventions, je ne leur dois pas et ne leur paye, depuis quinze mois que comme *y forcé* par leur *savante oppression* coupable et dont la justice me doit la réparation *proportionnée à* icelle ?

Troisième.

Payera-t-on lentement ou négligemment et avec chicane, à la caisse des dépôts et consignations, pour laquelle tout est *mis en règle* depuis mai dernier ? car j'en suis

> « Plus pâle qu'un rentier,
> Quand un maudit arrêt lui retranche un quartier. »

Réponse aussitôt s'il vous plaît ; car c'est *demain*, 27, qu'il *me faudra* payer ou *résister*, si j'en avais le courage, à Mlles Lhuillier, se faisant un jeu, un amusement *des soins* que je prends de leur intérêt comme du mien, vu que, disent-elles (ces dames qui n'ont pas le sou), j'ai de l'argent. Oh ! j'en suis cousu, et c'est à force de *payer* chaque jour pour elles ce qu'elles *me doivent*, par les conventions dites et ne font pas : qu'y faire ? dirait un Lillois, « c'est plaisir de *jouer* avec les *dames* d'Paris, quand y gagnen y recoivent bien, quant y perdent y n'pètent pas. »

J'ai l'honneur d'être, Monsieur,

Votre très-humble serviteur,

REYS, rentier.

Gagny (Seine et Oise), par Neuilly-sur-Marne, le 26 août 1844.

Réponse exacte de M. Marest.

A Monsieur, Monsieur Reys, maison des dames Lhuillier, à Gagny, par Neuilly-sur-Marne (Seine-et-Oise).

Timbres de Paris et Neuilly, 28 août, reçue ledit jour.

Monsieur,

J'ai bien reçu à temps votre certificat de vie ; mais *je n'ai pu* encore toucher à la caisse des *dépôts et consignations*. Aujourd'hui, j'y *ai fait* une *nouvelle démarche*, et il m'a été *promis* que je toucherais, *au plus tard*, le 8 *septembre* prochain. Une fois *le travail fait*, cela *marchera* régulièrement Le *retard* actuel provient de *l'encombrement* des affaires, *qui a toujours lieu* à l'approche des *vacances*, encombrement *encore augmenté* par *la maladie* d'un *employé* dans le bureau (1) où *j'ai à suivre* votre paiement, *de sorte que* le *collègue* bien portant, travaillant tous les jours, et même les dimanches, ne peut suffire. Prenez donc encore patience pendant *une douzaine* de jours , et *je pourrai* alors *vous annoncer,* comme *précédemment,* que *les fonds* sont *à votre disposition.*

Votre très-humble serviteur ,

Signé : Marest.

Paris, 27 août 1844.

Et, en conséquence, *j'ai prêté,* le 28, sans reçu, vingt-cinq francs à Mlle Astasie Lhuillier l'aînée, pour, par elle, payer ses ouvriers.

REPRISE DE LA CAUSE DE CET ÉCRIT ,

qui est la même que des nombreux écrits-recours le précédant ; pour compléter l'énorme ouvrage, amusant, instructif et moral qui peut faire de tout Français attentif et studieux , jour par jour, et sans fatigue, un plus que Colbert et Sully, un plus que pape, et même un plus que cardinal de Richelieu ; car ce qu'il fallait faire pour cela , je l'ai fait et pratiqué 60 ans pour lui en faciliter la besogne ; et quand il n'attrapperait que mon style atticien , mon enjouement et ma liberté puissante à me lire un peu aux dépens de ses prières perdues et donc oiseuses, aurait-il tant perdu son temps ? Mais ceci est son affaire, voici les miennes à présent, Français, et toi, leur roi, faites quelque chose pour un pauvre aveugle de 83 ans. REYS.

Celui, l'écrit à transcrire ici, et qui sera suivi d'un autre de clôture, est, comme cent autres, resté sans réponse et sans effet ; car je ne vis ici, où cela m'engraisse et m'encourage ou me soutient, que de mortifications pour mes bienfaits. Qui me trouvera un homme difficile à vivre, un fléau de l'humanité ? REYS.

Monsieur, (D. Lhuillier, mon gendre), par Mgr Soult, qui l'appellera, par pitié, de son bureau du *Personnel,* ou rue Rumfort, 11.

Quand j'ai fait à Mesdames vos sœurs, représentant, entre nous, leurs nièces, vos filles et mes petites-filles, elles et vous *mis à couvert,* ainsi de mes autres enfants et de mes créanciers de famille, tous les avantages qui étaient alors en mon pouvoir, c'était pour être, jusqu'à ma mort, heureux par elles et leurs entours ou amis particuliers, comme je l'avais été déjà, et me le trouvais encore, à quelques incidents près : je ne le suis plus et ne puis l'être avec vos sentiments (2) à mon égard, que je ressentis et pressentis, de la part de tous, peu après, et même dès avant l'époque où les cœurs purent se montrer à nu, c'est-à-dire, uniquement occupés à faire de moi la victime de tout et tous, pour le seul intérêt présent et lointain de *tous ceux qui m'atta-quèrent* sur *mes plaintes,* injustement, *à qui mieux mieux.*

(1) Ces encombrements n'existaient pas en l'an VIII, au ministère de l'intérieur, quand j'y liquidai dix mille comptes des ans V, VI et VII, en cet an là, et mis la comptabilité *courante* à parties doubles, en son état, du bilan dudit an, et j'y pouvais être malade sans causer du dérangement. REYS.

(2) Ce sont des haines, injures, calomnies et insultes ou provocations perpétuelles, ce qu'on a vu, voit, et verra partout en mes écrits, du 52 mai 1843, à ce jour, ven-

Ce n'est pas, Monsieur pour arriver à ce résultat, que je quittai Sully, où j'étais si bien soigné, si bien ménagé et si agréablement nourri, bref, où le jour comme la nuit par moi se passaient sans ennui, répandant autour de moi quelques bienfaits, m'attachant d'autant plus au pays ; mais à 81 ans, l'approche de ma dernière heure et l'intérêt des trois branches de mes enfants, qui pouvaient être ruinés *par* et *lors* de ma succession, me portèrent à saisir l'occasion d'un voyage à Sully, de Mme Barré, l'insinuante, pour, de chez elle et son mari, me rapprocher de ceux auxquels, plus spécialement, la loi et la nature me liaient, avant toutes autres affections et habitudes. Hélas ! vous savez ce qu'il en est advenu, et *par* qui cela fut fait comme *pour* qui !

Soit : hier, 18 mai courant, étant allé à la messe de 11 heures pour distraire mon ennui mortel, je reçus à propos, en cheminant peu vite, pour rentrer vers midi, chez vos sœurs, ou est si peu mon chez moi du cœur, une lettre de la toujours secourable, prévenante et soigneuse Mme Hauduroy, dont je fus 26 mois le pensionnaire à 720 fr., d'elle et son époux, à Sully, auparavant ma retraite chez les époux Barré, de Paris, d'où vous me retirâtes le 12 octobre 1842, sur nos conventions *à vous écrites* littéralement, en une lettre *que vous cachez*, et dont je n'ai pas de copie pour me conduire à Gagny, comme *épreuve* de *tout* et *tous*. Vous savez, vous, Monsieur, et vos sœurs ou enfants, *légitimer* sans justesse ni justice l'oppression, la sécheresse et l'abandon total que j'y éprouve en ma vieillesse, la *fuite* même d'un chacun, à commencer par vous, si je me glisse en quelque lieu *prohibé* pour moi seul, et je vous en fais, comme à vos sœurs, filles et alliés, *inconséquents*, les Joannès père et fils, mon grâcieux compliment. Il est des consciences malléables, qui s'accommodent de tout, même de susciter la mort d'un vieillard qu'elles haïssent comme vivant trop et trop éclairé, quand elle leur paraît utile à leurs intérêts, qui ont produit contre moi tant de calomnies pour mes bienfaits.

Au fait : par injustice, alors qualifiée *bonté* d'âme et *confiance* en tous, vous me tenez, vous, pour vos filles et vos sœurs, pour elles-mêmes de de tous côtés, tyranniquement : 1,080 fr. de ma vieille rente viagère, encore pour quatre ans ; 5,000 fr., *comme donnés*, à 10 p. 100, quand, de la Bourse on m'en offrait 20 ; 500 fr. de gratification *anticipée*, pour des *soins et devoirs*, jusqu'à ma mort, dont *se chargea* particulièrement Mlle Aimée, en remplacement de la plus capable Mme Barré, et qu'elle *a cessé* de remplir auprès de moi graduellement, quoiqu'elle touche moitié de 400 fr. annuels y affectés, ou des *deux fonds*, encore plus importants, y spécifiés *ad hoc*, par nos conventions du 27 janvier 1843 ; fonds (8,000 fr.) à *me restituer* fidèlement, si l'engagement, en cela, de vos sœurs infidèles qui m'oppriment avec leur chambellan, le général baron Joannès, femme et fils, capitaine de Hussard, à Versailles, et l'épouse de celui-ci, mon beau-petit-fils, n'est pas rempli exactement par elles ou une bonne domestique spéciale, pour moi seul, à mon choix. Voilà, Monsieur, les abus insoutenables qui

dredi, 20 août, jour de mortifications, de spasmes et de, finalement, réciproques mépris et dégoûts ou repoussements mutuels : oh ! la belle vie pour mes 83 ans que voilà ! mais passons et reprenons la lettre ; car, si ce n'est point là tuer un homme dans un bois, je n'y suis plus.

REYS,

qui répond au prétexte du *j'ai peur* d'Eugénie. Et c'est précisément là ce qui est, en vous tous, calomnies, car tous vous en savez le vrai, et que je n'ai rien à me reprocher de ce qui vint de son seul fait.

profitent à vos sœurs, qui me trouvent l'homme le plus heureux, à leur façon, parce qu'elles font faire mon lit, ma chambre, et fournissent à ma nourriture, qui est loin avec mon feu, de leur coûter 360 fr par année; mais, tout d'un côté, rien de l'autre. O justice ! je me la suis faite ainsi.

Ah ! Monsieur, avec tout cela *rendez possible* ma vie ailleurs, et délivrez vos sœurs d'un espion, disent-elles, et moi de haineux calcinés et ignorants comme elles, vos filles, et leurs dupes qui osent m'affronter, A cet effet, je suis et serai encore,

Monsieur,

Votre très-humble et obéissant serviteur,

REYS,

Opprimé, souffrant et criant au secours ! à 83 ans : puissent le Roi et son premier ministre y arriver plus heureusement,

CAUSE DE MES IMPRESSIONS.

Pour quelles raisons fis-je, fais-je et ferai-je imprimer et publier, du droit d'un plaignant offensé, d'un réclamant à qui un chacun fait, à l'envie l'un de l'autre, et comme par une sorte d'instinct de l'homme animal, méchant et sans raison, un ou de vrais dénis de justice, se succédant les uns aux autres, rapidement et astucieusement ?

C'est que jusqu'ici, président comme procureur du Roi, maire, imprimeurs même, comme juges, avoués et avocats, furent, sont et seront les gens et apôtres de la brouillerie régularisante abusivement et de la mauvaise foi tuante, pour refuser leur secours et leur assentiment à la vertu, au vrai et à l'honneur outragé ! dans un vieillard de 83 ans, que tous et chacun d'eux aide à tuer en coups d'épingles et pire encore, par des forfaits et surprises ou faussetés, suivant leur position morale et légale, dont tous croyent pouvoir toujours user et abuser impunément, parce qu'ils n'ont pas le port de leur vue plus loin que leur nez, quand ils s'en prennent à un philosophe pratique, lui, du genre humain et en sondant tous les replis tortueux et barbares du vandalisme.

Ainsi, dans l'espèce du premier des deux petits cahiers, l'un d'une feuille réclamante d'impression, l'autre qui pourra en avoir une et demie ou plus si j'y joins ma tentative, autographie du 18 février dernier, avec ses accidents, l'auteur présente déjà à son lecteur trois affaires bien distinctes et nécessairement conjointes, dont la première est la sienne contre les exactrices, Mesdemoiselles Lhuillier sœurs, affaire qui est la cause de presque tous les vieillards donnant leur bien à leurs enfants, avec prédilection entre eux, imprudemment : pour le sieur Reys, quel intérêt personnel a-t-il donc tant à venger et ses injures et ses affronts, si sa cause n'intéresse et ne regarde tout le genre humain, qui s'en offense par l'absolutisme et l'arbitraire de ses oppresseurs acharnés, constants et haineux, pendant et depuis dix-huit mois ou plus !

Mais, dans cette petite affaire d'espèce, le monde entier a droit de s'étonner d'y voir compromis gravement et nominativement, de son plein gré, le procureur du Roi, à Pontoise, et, par suggestion insidieuse de celui ci, renforcé par son président caché derrière ces rideaux-là, jusqu'à son sous-préfet qui, à son tour, y compromet M. Mongrol, maire premier de Gagny, qui ne me connaît pas, comme le maire-deux, son adjoint, celui-ci dont le certificat en faveur du vieillard, victime à son su, vu et connu, date du 25 septembre 1843 et s'est continué jusques et compris tout le jour du 9 septembre courant.

Or, c'est là ma seconde affaire qui est du ressort du Conseil d'état, et que nul au monde ne peut ravir à celui-ci, et l'affaire du monde doit-elle plier au détriment de celui-ci, sous de petites intrigues ou susceptibilités d'enfants, dans la lettre-projet que je vous écrivis, Monsieur ou Messieurs les imprimeurs, le 6 septembre. Que n'en suivez-vous l'ordre et la marche, pour connaître, non le principe, mais l'effet et la chose à connaître pour la juger et faire juger ?

Pour celle contre le Sous-Préfet, valet de la canaille tout ostentative de Gagny, elle est en entier dans ma lettre du 12 septembre courant et vous et d'autres ne la voulez pas consulter ! Savez-vous que c'est de la justice-monstre que tout cela ? Pour vous, M. Appert, vous n'aurez de torts que si l'auteur en a, et l'auteur n'en a pas, même quand il parle religion et gouvernement dans les règles fondées par notre constitution. Ainsi, ce que vous voyez dans moi, voyez-le bien et croyez-moi,

Votre serviteur,

REYS, rentier,

r'ouvrant son deuxième cahier par Danicourt

Paris, 23 septembre 1844.

ENGOURDISSEMENT DE L'ESPRIT PUBLIC DANS LE MONDE.

Hommes d'état hermaphrodites, si vous en êtes réduits là, c'est que vous ne savez pas mieux. Ainsi, dès septembre 1830, en France, M. Guizot arrêta l'essor pur de cette sage et grande régénération du bon esprit public de 1789, si terni successivement, et quand ce sophiste soi-disant *doctrinaire* mais à fausses doctrines, s'étant fait ainsi le régent spécial de collège à l'égard des Français qui, en ce qu'ils en éprouvent la conséquence du faux esprit, en matière de gouvernement, l'accusent, à tort je le crois, d'un anglicanisme séducteur et corrupteur qui paralyse la France entière en ses nobles et justes desseins révélés en 1789 et juillet 1830, pour y arriver de tous côtés, au bien public qui n'est et ne peut être que le bonheur sans tache et la prospérité irréprochable des gouvernants et gouvernés, non bien entendu de ceux qui nous disent : « Votre bonheur et votre fortune sont faits pour une éternité,
« dans l'autre monde imaginaire de là-haut, qu'avez-vous donc besoin des
« biens faux et fragiles de la terre où l'argent, au dire de la philosophie,
« comme de toutes religions, est une peste qui, vous le voyez, la corrompt
« de plus en plus chaque jour, car les sagistes de la philosophie et de votre
« religion, qui n'est comme toutes autres qu'un dérivé de celle-ci, dont les
« semences épurées s'y trouvent plus ou moins partout. » En quoi et pourquoi M. Guizot, l'imperturbable qui a si bien amené et gouverné le passé, et si bien gouverné avec fruit le présent, a dit avec assurance au Roi ce qu'il lui dit encore à merci maintenant : « Sire, vous le voyez et l'éprouvez, en
« votre repos et sécurité, je suis une nécessité pour vous (à part), et je ne
« vous dis pas ce que je pense, en cela que la nécessité étant, elle, bien au-
« dessus en pouvoir de notre sainte Trinité chrétienne, comme de l'aveu de
« Dieu, elle était au-dessus de Jupiter, maître de tous les Dieux de l'empire
« céleste, dans le Paganisme, notre ancien, tombé, lui, et remplacé par notre
« système bizarre sur la, prétenduement possible, spiritualité vivante, la sou-
« cière sans corps et sans aucun des sens de la nature, pour notre espoir et

« notre tourment fou, je ne vous dis donc pas, Sire, que, devant moi, vous
« n'êtes qu'un petit garçon de mon école. »

Or, c'est sous ce régent de servitude et de nullité que tout et tous marchent aujourd'hui, et en voici après la preuve la plus irréfragable dans l'autographie réimprimée suivante, du 18 février dernier, adressée par moi à la Chambre départementale, dans la personne de M. Sauzet, son président, et du général Hédé, l'un de ses deux questeurs ou secrétaires perpétuels, qui m'a dit gracieusement ou brusquement : La questure n'est pas votre facteur, quand M. Sauzet m'a fait dire, lui : « Moi ni mon secrétaire ne pouvons rien pour vous. » N'est-ce pas là du Guizot tout pur ? Et grâce à celui-ci le Roi même n'oserait pas me parler autrement, quoique je sois le monde et ma patrie, tout ensemble, qui ne meurent pas en se succédant comme les Rois et M. Guizot même, chef des

Engourdisseurs en France et dans le monde, de l'esprit public vivifiant, eux dignes donc des grands et beaux faiseurs de

TABLEAUX DE MŒURS SANS FRUITS,

Par les savants d'espèce comme éditeurs et journalistes sous Guizot-le-Grand·
En effet, avant ce grand-homme là, on professait ce principe :

« Qui est appelé aux fonctions publiques sait qu'on y parlera de lui publiquement. » Et qui ne veut y être appelé ? De là les clubs et leurs abus : Les Amis du peuple, en septembre 1830, ne disaient-ils pas du dernier descendant, donc du plus près de Henri IV : « Nous t'avons fait Roi, c'est pour nous obéir ? » Hé quoi ! M. Guizot a trouvé, lui, autre chose qu'à rire d'eux en cela ? Mais, faute de clubs, la nécessité Guizot amène à la presse de justes personnalités, par ses voies libres et pures : Heureux les pauvres d'esprit, jugés dignes encore d'y figurer pour l'exemple et l'amélioration du monde et de la patrie.

Pour vous, Monsieur l'Imprimeur, si votre pénétration ne va pas jusques-là, pensez que, seul, vous n'avez pas à obstacler le monde plus que notre Roi et son grand Guizot; imprimez et lavez-vous en les mains; l'auteur répond et pour lui et pour vous ! Il a la force de cela qui est son métier depuis 60 ans au moins, pour et devant qui n'est pas un sot; ah ! l'on guérit quelquefois les fous, mais les sots ? Jamais. Mais, avisons aux remèdes ; car, il faut le dire et nous le prouverons s'il le faut : Nous sommes menés par le sophisme en gouvernement, en religion comme en tout, et voilà notre garantie pour notre bien public, ou particulier, ou royal futur. Mais quel plus sot sophisme que celui Guizot ? Hélas ! il a amené dans nos savants qui brûleraient, eux, au lieu d'y répondre, encore aujourd'hui,

Le Système de la Nature et Dieu-matière et esprit son époux,

par Mirabeau, leur secrétaire-perpétuel d'autrefois, à 85 ans, lui remplacé par un homme du ministère-Guizot, lui, remplaçant, que j'eussse fait bête comme moi pour donner aux autres de l'esprit, et qui, le 2 septembre 1843, me promit de lire ma lettre du 28 août précédent, à l'Institut (ah ! le beau billet qu'à Lachâtre !) et voilà pourtant ceux qui produisent tant de

TABLEAUX DE MŒURS SANS FRUITS !

Les miens porteront-ils le leur ? En attendant, voici

Ainsi,

Le *nec plus ultrà* de la sagesse gouvernementale, pour qui le ramassera.

« Changer le cœur humain (Moïse n'a pu l'ob-
« tenir de Dieu dans le désert ; mais nous) par *son*
« *intérêt à l'unité* de vues. »

Avec *duplicatas* pour MM. Lefebvre fils, et le Procureur-général qui pourraient en envoyer un au baron général Joannès et à M. Dupin, de Pontoise, tous deux servant l'avarice et la cruauté envers moi, Reys, de Mademoiselle Anastasie Lhuillier, sur laquelle je me tais, sauf tribunaux où il faudrait parler, et lui rendre des vérités pour des inventions ridicules et des calomnies ou cruautés qui sont le propre des immondes, ici, contre *sa providence* secourable, devenue la victime de sa confiance et de ses bienfaits ou le jouet de leurs conventions à Paris et Gagny.

En autographie.

REYS, octogénaire de Gagny, à M. Sauzet, président de la Chambre des députés près le Roi, à Paris.

Monsieur le Président,

Autant que je puis me rappeler depuis 1840, que, faute de bons yeux, je ne lis plus les journaux, vous *avez gagné* le cœur et l'estime du Roi, en rendant justice publiquement à son esprit qui déconcerte si facilement l'erreur et les sophismes par ses clarté et précision.

Telle est, à mon sens, la vertu du Monarque que vous ne sauriez *les perdre* en nous laissant dire ou disant, pour tout le genre humain, « qu'il ne s'avise jamais de tout. »

Ainsi, Monsieur le Président, le Roi et les Chambres, *par lui*, peuvent *tirer* du plus pauvre d'argent et surtout du *plus injustement* opprimé et honni d'entre les hommes, *le bien* c'est-à-dire *la sagesse* (1) et la prospérité *réunies* de la France, bref, d'un vieillard de 83 ans le rajeunissement *vigoureux* des Français, *de leur Roi* et de sa famille, en concourant lui et tous chaque jour à l'amélioration prompte et gaie, moralement et financièrement, de *tous* et *chacun* des gouvernants *vertueux* et des gouvernés *aimant* l'ordre, la paix et la bonne foi.

Ah ! quand elle (la sagesse) n'est pas *d'accord* avec la religion, c'est que celle-ci *ment* avec *ses impossibles* et son *Dieu esprit* vivant, lui, sans un *corps* qui *l'anime*, seul, ou le *vivifie*. Dieu, c'est *la nature*, a dit Mirabeau, en son système immortel, et il prie la nature : (Oh ! que son Morphée fait de bien à l'homme !) et *la nécessité* qui *la règle*, cette nature faites-en Dieu ou à son sage époux, alors notre père, notre borne et notre père, préservateur et conservateur de ses enfants, comme leur conducteur *au bien* par le sentier étroit de la vérité. Alors, nature et nécessité, dans nous-mêmes n'ont plus de puissance factice, au-dessus d'elles, soit en petit soit en grand, mais Dieu et nous ne sommes *plus rien* sans corps.

REPRISE DE MA LETTRE.

Pour *cela* (le bien) daignez M. le président, *proposer* de ma part à *la*

(1) Ce mot *sagesse* m'inspire ceci :

» Que du moins les gouvernants *raisonnent* pour rester nos supérieurs. »

Chambre l'impression et la distribution à ses membres d'un *premier échantillon* qui la mettrait à portée de *juger l'auteur et son ouvrage* réparateur et régénérateur du fol esprit humain, comme de son cœur irascible ou gonflable pour rien. On y pourrait ensuite ajouter *si le goût en prend* et gagne au dedehors ou dans le monde entier, bref, si l'utilité s'en manifeste; car la France, si légère on la croic à l'étranger, n'en est pas moins le temple du goût et du bon sens qu'au vol elle saisit toujours adroitement et directement: Oh ! qu'elle sera heureuse et qu'elle se sentira *telle* si elle *prospère et s'assagit* ou devient et se sent et meilleure et plus sage encore qu'auparavant mais le tout en s'amusant et riant tous et tour-à-tour, les uns des autres, comme précisément l'on fait à l'école de M. Guizot dont je ris aujourd'hui, et qui rira de moi, demain, pour ma prospérité, mon bonheur et mon instruction dans le bien et le vrai, quand au conservateur de tout ce qui n'est pas pris dans la voie du sophisme, je crois. Et si c'était impossible ? Bah ! j'ai vaincu en l'an VIII, de bien autres difficultés que celle-là et la France s'en trouve bien aujourd'hui. Est-ce donc une mer à boire que de rire et remercier, fut-on colossé comme une nation, quand on rit à nos dépens ?

Pour moi, je ne ris ni de vous ni de moi quand, comme à présent, j'ai l'honneur d'être sérieusement,

De votre mérite,

Monsieur le Président,

Le très humble et obéissant serviteur,

REYS, rentier,

Chez Mesdemoiselles Lhuillier sœurs, propriétaires, à Gagny (Seine-et-Oise), par Neuilly-sur-Marne.

Paris, 18 février 1844.

(Pour M. Martin (du Nord).

Avec un pour le Roi, averti dans Henri V,

Par l'Angleterre de son danger : Ah ! si c'était lui qui ramassât ma sagesse qu'on refuse aux Tuilleries ! Soit, la patrie avant tout, et

« Rire pour sa patrie, rire pour sa patrie !...
« C'est le sort le plus doux, le plus digne d'envie. »

Avec ces sentiments, un Roi même devient libre et gai à Paris.

Nota. Le pareil est parti le 19, de Paris à Gagny, où Mademoiselle Aimée ou Marie Lhuillier m'en a dit, le 22 : C'est une bêtise que vous fîtes-là. Soit, mais elle eût pu valoir

En dix ans, ci	500,000 fr 00 c	à mes petites filles,	
	500,000,000 00	aux gouvernants *vertueux* et, proportion équitable gardée,	
	5,000,000,000 10	à l'ensemble de la nation française devenue alors un peuple de sages, corrigé de l'égoïsme et de la susceptibilité.	

Total. 5,500,500,500 fr 10 c On s'en passera bien.

Sur un demi-carré de papier.

Mon cher Monsieur Geoffroy (Joseph),

Par Menneci, Seine-et-Oise, à Echarcou, poste de Corbeil.

A 83 ans, ce matin, poussé par mon amitié, qui date de vos enfances, pour vous et Mme votre sœur de Saint-Edme, j'étais décidé à vous aller voir par le chemin de fer de Paris à Corbeil, aspirant vous parler à mon aise, comme ayant été un peu mon élève dans vos jeunes ans. Sera-t-il à Echarcon, lui et sa femme, chevalier; n'y seront-ils pas? De plus, abandonné à moi-même, ne sera-ce pas m'exposer? Ah si l'ancienne voiture de Paris à Menneci passait encore par Lys ! mais non; tout est fondu, et j'ai peur de fondre aussi, puisque Guizot même peut fondre à son tour, le pauvre petit, qui ne fut pas, comme moi, plus fort que les amis du peuple.

Pour faire mieux que tout cela, envoyez-moi, si vous recevez ma lettre non affranchie, contre mon usage, l'adresse, dans Paris, de Madame votre sœur *à la mienne* rue Guérin-Boisseau, 8, près les rue et porte Saint-Martin; ce que faisant, vous m'obligerez, ayant l'honneur d'être,

Monsieur et ami,

Votre serviteur,   REYS, rentier.

Sans sa Joséphine, mariée pour son tourment.

Paris, 24 septembre 1844.

P. S. Le papier me manque, l'avarice m'en prend; y en aura-t-il du moins assez pour moi chez votre fameux fabricant de papier à Echarcon?

A Monsieur Pigeon, père, à Villemomble (Seine).

Connaissant votre exactitude, je ne doute pas que vous serez allé chaque mercredi et samedi à Gagny, pour m'y raser. Ainsi, c'est à vous que j'écris pour Mlles Lhuillier, « Que, malgré mes présence et concours avec M. Ma-« rest, rien ne se termine pour nous tous à la caisse des dépôts et consigna-« tions : si elles en éprouvent des embarras, qu'elles jugent des miens comme « étant à Paris sans argent, et n'y pouvant rien. »

Allez donc encore une fois à Gagny, où je vous payerai votre mois et le port de cette lettre; mais suspendez après, jusqu'à ce que je vous dise de revenir. Moi, je vous aime, et suis

Votre serviteur,

REYS, rentier

Paris, 24 septembre 1844.

Bonne nouvelle à mon lecteur.

« Car autant je l'aime, autant il m'aimera; mais qu'il n'aille pas, pour ma droiture et liberté, m'élever jusques aux cieux, comme Jésus-Christ, etc., je suis, moi, trop caduc et trop vieux de corps pour jamais arriver là, même en âme et en esprit, dans mon *coin de terre éternel* ou je n'entends pas plus offenser la vérité que je ne l'ai ou aurai fait durant ma vie encore actuelle de 83 ans. »

Nota. Après le départ des deux lettres ci-dessus, je me rendis chez M. Marest, il venait de recevoir à l'instant la lettre dont, par son secours espéré, voici

Copie de la main de M. Marest.

21 septembre 1844.

A M. Marest, mandataire de M. Reys.

Monsieur,

J'ai l'honneur de vous donner avis que j'ai délivré aujourd'hui, sur le caissier général de la caisse des dépôts et consignations, un mandat à votre profit de la somme de 377 fr. 55 c., pour la rente viagère du sieur Reys, échue le 18 août 1844, payable dans l'ordre Salleron, sur le prix déposé par le sieur Rosier, n° 32,791.

Veuillez vous entendre avec Mᵉ Chatelain, notaire, pour la quittance et le paiement.

La caisse est ouverte de 9 à 2 heures,

J'ai l'honneur, etc.

RÉCAPITULATION.

Reys, à Mlles Lhuilliers sœurs, à Gagny, Seine-et-Oise.

Mesdemoiselles,

Vous allez voir, en ces deux premiers cahiers d'échantillon, de bien d'autres après, comment, en dépit de la balourdise au 11 septembre passé, de M. le sous-préfet de Pontoise, soi-disant en vos faveurs et contre moi, et conformément à vous-même, date ici omise, mais du 8 d°, et qui vous parvint le 11 même, imprimée depuis, je le crois, lisiblement, pages 9 à 11 de ce premier et plus petit cahier, dit que je suis à Paris ou ailleurs à vos dépens, en vertu de l'acte d'affirmation, retenu par l'inspiré de son derrière, Mᵉ Dupin, de Pontoise, votre géreur et ange gardien en nos affaires, 1° pour faire connaître au monde entier, qui a faim et besoin de faits plus que de romans, inutiles ou à lui étrangers, nos procédés respectifs l'un envers les autres, *et vice versâ*, de vous envers moi, depuis le 8 octobre 1842 jusqu'à ce jour; 2° pour y poursuivre comme devant les tribunaux et le conseil d'état, à votre charge et à celle de qui de droit, s'y étant exposé pour me nuire, injustement et imbécillement, la réparation éclatante des torts faits par vous d'abord et par vos aveugles soutiens, en vos crimes à mon égard, à mon honneur sans tache avant votre connaissance, et à la juste considération dont j'ai toujours joui partout avant vos odieuses calomnies et inventions: 3° et pour diriger vers le bien une autre affaire, née de la nôtre, mais la plus grande du monde.

Et mesdemoiselles, j'y suis dans ce moment à Paris avec une domestique spéciale telle que vous, qui avez cessé vos *soins et devoirs* envers moi, notoirement dès le 28 mai 1843, *me la devez* sur le pied de Mme Barré, tant par nos conventions premières de Paris, que par celles y conformées sous autre forme plus solide, et suivies d'exécution, sous date du 27 janvier 1843 suivant, ainsi domestique dont, ne l'ayant pas prise au profit de ma vie durant pour vous, mais pour moi seul à vos dépens, je m'abstiens de vous parler davantage ici.

Vous trouverez, mesdemoiselles, au second et grand cahier, avant ma lettre du 19 mai dernier à votre frère, imitateur, que je m'y suis donné, un reçu, celui donné, par vous, à moi, refusé le 10 septembre dernier, des derniers 25 francs que je vous ai avancés pour vos ouvriers, sans reçu de vous, alors que nous comptions sur le 10 septembre, qui nous fit faux-bond depuis.

Enfin sufût. — J'ai l'honneur d'être,
· Mesdemoiselles ,   Votre serviteur,
REYS, rentier.

Paris, le 1er octobre 1844.

Dieu, qui n'est pas ce que le monde et le charlatanisme spirituel le font, et sa compagne inséparable, la nature, me conservent pour leurs desseins ; j'en accepte l'augure.

REYS, non Messie.

Ainsi,

RÉFLEXION.

Des retards d'imprimerie, (la mienne a commencé, dit-elle, mon second cahier vendredi, en y devant mettre 40 compositeurs au besoin, et nous voilà à mercredi, clochin clochant), ces retards amènent le temps, et le temps amène des changements de circonstance, ou, quelquefois, des sentiments. Je me loue de ceux de mon ami J. Geoffroy d'Écharcon, qui m'a répondu ainsi :

Monsieur et respectable ami,

J'ai reçu avec étonnement et joie votre lettre ; je suis bien fâché que vos forces ne vous aient plus permis de franchir la petite distance de Corbeil a Écharcon. Si j'avais été prévenu, j'aurais mis la jument à la voiture, et je serais allé chercher mon vieux ami. J'espère que ce qui est différé n'est pas perdu. Quand le désir de passer quelques jours chez vos anciens amis vous prendra, écrivez-moi le jour et l'heure du convoi que vous prendrez, et j'irai vous attendre au petit café en face l'embarcadère.

J'espère aller prochainement vous embrasser de tout cœur. Ma femme me charge de vous témoigner son respect, et mon fils désire bien voir à Écharcon le vieux ami de son père.

Recevez, mon estimable ami, l'assurance de mon amitié.

J. GEOFFROY.

Écharcon, 25.

Adresse de ma sœur,

Madame de Saint-Edme,

Rue des Martyrs, 52, au 4e.

Nota. J'ai donc vu en elle ma bru manquée, veuve jouissant d'une retraite égale à celle d'une veuve de lieutenant-général (1,500 fr.), et vivant avec son fils, de 24 ans, qui en a autant de l'administration des Postes aux lettres, dont le défunt Saint-Edme était l'inspecteur général ; elle a une fille, mariée honorablement, et un dernier fils à produire et avancer comme les autres ; mais elle a un des premiers talents de Paris, eut M. Pressat fils pour élève et père, pour première inclination ; c'est d'elle que Mlle Anastasie Lhuillier m'a fait une femme galante, à 54 ans ! Comment M. le docteur Pressat père, dont la vie est un tissu de bonnes fortunes, ne lui aurait-il pas dit que Mlles Lhuillier sœurs, qui lui doivent leur maison, lui furent galantes l'une après l'autre? Et voilà celles qui, pour faire du public une bête, l'accusent d'accuser l'aîné d'elles d'avoir mis au monde les deux filles de leur frère, mes petites filles. C'est pire, en vérité, que l'incarnation de Jésus-Christ. Public, ose encore décrier Mlles Lhuillier et le *mon ami* des tantes, nièces, après cela, et les ridiculiser de ce qu'elles ôtent les boutons des portes, de peur de l'ogre de Gagny, qui est son serviteur.

REYS, rentier,
Se trouvant, lui, déplacé chez les demoiselles Lhuillier, trompeuses séductrices et re-
teneuses du bien des autres, à Gagny.

Reys, de Gagny, à M. Gillet, adjoint au maire *de* et *à* Gagny, S.-et-O., par Neuilly-sur-Marne.

Mon honoré et honorable adjoint,

Dans ma lettre du 12 courant, qui a déjà fait et fera encore plus la bonne bouche à tout le monde, parce que les gens de bien y voient qu'elle est celle d'un honnête homme opprimé partout, à un autre honnête homme se lavant, comme Pilate, les mains de cette (cette) générale injustice et oppression-là; dans cette, dis-je, il y a après ma signature de son *P. S.*, ces mots :

REYS, « qui vous prie de ne pas égarer la *lettre-faribole*
« qu'il *a affranchie* pour vous le matin d'hier, au bureau
« de poste de la Chambre des Pairs, n'en ayant point de
« copie, comme *j'en ai de la plainte* que je vous ai faite,
« le 25 septembre 1843, contre Eugénie Bezin, votre
« cousine par alliance. »

Si je me suis plaint à vous de votre cousine, et si, à l'égard de cette fille *à plaindre*, pour les effets retombés *sur elle*, de son mensonge, peut-être de *son invention*, et peut-être à elle *demandé* par spéculation, celui « qu'elle avait peur de moi, » qu'elle enferma tous les soirs avec elle durant six mois, je vous ai *écrit* la vérité, rien que la vérité, toute la vérité à son sujet, par le récit de dires d'elle devant témoins, à Villemomble, et, permettez, c'était de ma part le plus beau certificat que je pusse vous donner de la haute et juste confiance qu'ont tout Gagny et ses environs, dans votre impartialité, vertu, en vous, qu'hélas! tous les juges et gens du roi, institués pour protéger le faible ou le vieillard contre les forts insolents qui ont *la foi* de pouvoir toujours calomnier et insulter impunément ces derniers, avec un succès plein et continu.

Et, Monsieur l'adjoint, quand je tins alors de votre bouche, de votre cœur sans détour, et de votre esprit droit ou qui ne s'égare jamais, que pour n'avoir pu, comme saint Antoine, résister à six tentations réitérées de ma *belle* par ci et *laide* par là, Proserpine, cela ne *préjuge* rien contre mes mœurs et vie, pures d'ailleurs, dans notre *cher système* d'ordre social, que les circonstances de haute politique qui *ont amené* mon péché très-véniel à 82 ans, qui, avec 18 d'elle, en faisaient 100. Ventre-saint-gris, si, à 82 ans, je ne m'en trouvais, et votre cousine aussi, que 22, quelle jeunesse fut jamais ménagée comme la mienne? Oui, je fus, étant jeune, comparable à Caton pour la sagesse et la vertu! pour à présent, je sue, crache, tisonne et ris de tout cela! riez-en aussi, et vous ferez rare justice, en cela qu'à 22 ans j'étais vieux, et que, pour être jeune, j'en attendais 82, Mesdames.

Mais vous, mon adjoint, pour mériter la continuation de mes bonnes grâces, ah! renvoyez-moi ma lettre du 11 de ce mois; qui sait si, dans le monde de ce vaste univers, elle ne me vaudra pas un certificat où, comme adjoint, vous diriez : « Oui, dans mon âme et conscience, et d'après tout ce « que j'ai observé et entendu des gens de bien de Gagny, M. Reys est une « victime de sa confiance et de ses bienfaits, portés si loin, qu'il me paraît n'y

« avoir pas continué sa justice ordinaire de toute sa vie, à l'égard de tiers
« inoffensifs à son égard, et je le signe comme je le crois et le sens; de quoi,
« honni soit qui encore mal y verra et pensera, à ma justice et mon indépen-
« dance propre en mes honorables fonctions, toujours, elles, Dieu merci,
« remplies par moi purement, exactement et sans reproches à m'en faire, jus-
« qu'ici même, en signant son acte d'affirmation. »

J'ai l'honneur d'être,

Mon Champenois, l'égal, du juste, vrai et *bon* La Fontaine, qui, donc
aussi, avec 99 moutons, fait cent bêtes comme moi,

Votre serviteur,

REYS, rentier,

Rue Guérin-Boisseau, n° 8, encore sans argent de la caisse.

(Avis à Mlles Lhuillier.)

Paris, le 22 septembre 1844.

PÉTITION, DE L'AUTEUR,
Vu que M. Gillet ne lui a pas répondu.

« Tant qu'il y aura des hommes à manier, vous écrirez, vous ferez des Lettres (1). » « Oh! la bonne manie que celle-là ! Ne faut-il pas toujours manier les hommes, et surtout ceux qui prétendent en imposer? Du moins, voilà ce que m'écrivit, au 3 octobre 1825, M. Stanislas Le Ber, alors substitut du procureur du roi, seul au parquet de Gien, Loiret, à 26 ans, et depuis présidant la cour royale d'Orléans, dans l'affaire intentée par le baron Henri Siméon, préfet, m'estimant alors, contre Danicourt-Huet, journaliste du *Loiret*, défendu, celui-ci, par le célèbre Michel de Bourges.

A MM. les Ministres de l'Intérieur et de la Justice, sous la tutelle et protection du président du conseil des Ministres du Roi, lui président y représentant le monarque constitutionnel de France, en la plénitude de ses droits, puissance et devoirs royaux et gouvernementaux, mais seulement pour le bien de la France et des Français, c'est-à-dire pour leur honneur, liberté, bonheur moral et prospérité sans reproche et sans tache.

Messieurs,

Quand il y avait, dans ce vaste univers, un état social bien réglé, bien

(1) Et l'enfant a dit vrai (2). REYS.

(2) Cette prédiction est extraite de la réponse, au 3 octobre 1825, dudit
M. Le Ber, à une communication, en 120 pages, de mon envoi, du 1er d°, à
Charles X, par le duc de Maillé, cru encore le premier gentilhomme de sa
Chambre, duc qui, ne l'étant plus, en paya le port 18 fr., et refusa d'en
être, par moi, remboursé, l'ayant lu, médité et approuvé, dit il, pour son
argent. Hélas! c'était la substitution de la véritable sagesse humaine à la
fausse et folle doctrine religieuse de Jésus-Christ : Je l'eusse remise au roi,
m'a dit le duc, si j'eusse encore été près Charles X ce que je fus près du
comte d'Artois.

Quant à la réponse Le Ber, elle commençait ainsi, à peu près : « Telle est la
« méthode, la charte, l'ordre, la précision et l'exactitude de vos 120 pages,
« que j'ai pu, en 3 jours, les lire, méditer et juger, selon que vous verrez que
« j'y réponds. »

régi et bien gouverné, tantôt sous les formes monarchiques et tantôt sous celles républicaines, comme sous l'invocation de Minerve, dans les beaux temps de l'aréopage d'Athènes, le théâtre n'était point une école de dissolution, comme tâchent de le représenter les ennemis de la liberté, du vrai et du bon ordre pour les Français ; c'étaient, au contraire, celles des bonnes mœurs, où se réparaient, honnêtement et franchement, les atteintes y portées, sous le manteau de la vie privée des citoyens entre eux, au préjudice moral et financier les uns des autres.

Il est impossible que M. Martin (du Nord), l'un de vous, ne me connaisse point s'il a l'amour de la patrie et de son roi, lui auquel j'ai adressé un écrit commençant ainsi : « Faites des plans de finances, » et finissant par le récit des persécutions qu'éprouvent, non ceux qui font et veulent faire le mal, mais ceux qui font et veulent faire le bien : c'est vous dire mon sort pendant une vie de 60 ans, prise dans les derniers de mes 83 actuels, vie consacrée au bien et au vrai qui l'amène ou le garantit et conserve quand il y a.

Vous verrez, messieurs, quand et comment des dépositaires subalternes de vos premières autorités m'ont forcé, enfin, à réclamer contre eux, auprès de vous, dans le premier et petit cahier ci-joint, et vous en ferez justice, par l'entremise et l'autorité aussi du Conseil d'Etat, qui n'est ou ne doit pas être, dans le corps de l'État, un membre inutile, et vous pourrez voir de même, au second et plus grand cahier d'échantillon, que j'y embrasse tout ce qui mène au bien dans le monde, et que rien de ce qui concerne le genre humain, en ma qualité d'homme, non Dieu, ne m'est étranger.

Aujourd'hui je vous demande, non pas seulement de permettre, mais d'ordonner que les trois grands titres principaux, avec leurs conjoints ou annexes, soient lus, entre les pièces ou actes, dans tous et chacun des théâtres de Paris ; que si cette nouveauté morale et gouvernementale amène de nombreux souscripteurs à la suite de mon et mes ouvrages, ou dix mille exemplaires à tirer des deux présents échantillons, hé bien ! messieurs, nous y pourvoirons, toujours sous ma responsabilité spéciale.

La présente n'étant pas à d'autre fin, pour le moment, agréez les respects et l'estime, je l'espère, de

REYS, rentier,
rue Guérin-Boisseau, 8, près celle St-Martin.

Paris, 4 octobre 1844.

Mon Compte moral, ou Quittance (1).

Rue Guérin-Boisseau, 8, près la rue St-Martin, ROBIN, Serrurier en bâtiments, pose les sonnettes.

Paris, le 3 Octobre 1844.

Avoir reçu de Monsieur Reys, la somme de vingt-sept francs, pour son local et celui de sa domestique, Marie Barbier, fille, mère d'un garçon reconnu par son père, et elle entrée chez lui, sur nos certificats sincères en faveur de ses bonnes vie et mœurs de nous connues.

Pour moi et mon mari, femme ROBIN.

Et, vu cette sage réunion, les deux locaux garnis sont réduits à 24 fr. par mois.

(1) On y voit, à mon service, une domestique, sans gages, vu la charge de son fils âgé de deux ans et demi, elle, à convertir en dame Barbier, de compagnie, à cause de ses talents analogues aux miens, de son esprit et de son éducation.

On souscrit chez tous les Libraires et Journalistes du monde, pour le surplus considérable.